실전 중소기업 성공전략

실전 중소기업 성공전략

1판 1쇄 펴낸 날 2013년 10월 3일

저자 김기남
발행인 김재경
기획 김성우
편집 김현정
디자인 김현민
마케팅 권태형
제작 금강인쇄(주)

펴낸곳 도서출판 비움과소통 서울시 영등포구 영등포동7가 29-126 포레비떼 7층 705호
전화 02-2632-8739
팩스 0505-115-2068
이메일 buddhapia5@daum.net
트위터 @kjk5555
페이스북 ID 김성우
홈페이지 http://blog.daum.net/kudoyukjjung
카페(구도역정) http://cafe.daum.net/kudoyukjung
출판등록 2010년 6월 18일 제318-2010-000092호

ⓒ 김기남, 2013
ISBN 978-89-97188-40-6 03320

정가 14,000원

인맥의 달인 김기남 경영에세이

실전 중소기업 성공전략

김기남 지음

바움과소통

중소기업이 살아야 나라가 산다

대기업에 근무하다가 중소기업에 근무한지 10여년이 지났다. 대기업에 근무하면서 거래 관계에 있는 중소기업과 업무적으로 일을 해본 경험이 있기 때문에, 중소기업에 대해서 어느 정도 알고 있다고 생각했었다. 그러나 그것은 완전히 착각이었다. 막상 중소기업에 적을 두고 근무를 해보니 전혀 딴 나라에 와서 살고 있는 느낌인 것이다.

제일 크게 걱정이 되었던 것은 재정 문제였다. 중소기업에서는 매월 대기업에 납품해서 물품대를 받지 않으면 경영자체가 어려운 처지였다. 그렇기 때문에 무슨 일이 있더라도 물량을 확보해서 매월 납품을 해야만 한다. 뿐만 아니라 개발, 영업, 생산, 품질 등과 같은 조직면에서도 대기업과 비교할 수가 없는 열악한 구조였다. 대기업과 중소기업의 차이는 단지 규모면에서 뿐만 아니라 모든 조직의 세세한 부분까지 열악하기 그지없었다. 이런 상황에서도 대기업이 원하는 모든 부분을 맞추어야 되고 때로는 다국적 기업과도 동등한 입장에서 경쟁을 해야만 하니, 중소기업으로서는 참으로 힘든 일이다.

중소기업은 우리나라 전체 기업 숫자의 99%를 차지하고 있고 기업에 종사하는 근로자는 전체의 88%를 차지하고 있다. 중소기업에 종사하는 근로자가 절대 다수를 차지하고 있기 때문에 박근혜 대통령께서도 중소기업에 최우선적으로 정책방향을 맞추겠다고 한다. 참으로 다행스럽기도 하고 공감이 가는 이야기라고 본다. 물론 중소기업도 스스로가 잘 헤쳐나가야겠지만, 국가적으로나 대기업차원에서도 중소기업에 많은 관심을 가지고 중소기업을 육성해 나가야만 중산층도 살아나고 국민의 경제 생활도 나아질 것이다.

다행히 필자는 대기업과 중소기업에서 근무해본 경험을 살려서 중소기업도 이렇게만 하면 얼마든지 성공할 수 있다는 성공전략을 평소에 생각하게 되었다. 몇 가지 정책이나 예산으로 중소기업을 지원해 준다고 해서 잘 풀려 나갈 것이라는 생각은 금물이다. 때로는 한파에도 견디어 낼 수 있는 인내력도 심어주고 냉험한 글로벌 경쟁사회에서 살아남을 수 있는 자생력도 길러내야 한다.

부디 이 책을 통하여 중소기업에 종사하는 모든 분들이 다소나마

도움을 받고, 마침내 중소기업이 활성화되어 국민 모두가 행복시대를
누릴 수 있기를 간절히 빈다.

2013년 8월

인천 남동공단에서

김기남

기업 문화와 체질, 획기적인 개선책 담아

올 여름은 왜 이렇게 길게만 느껴질까? 후덥지근하고 지루한 장마 탓일까? 왠지 답답하고 짜증나는 오후에 휴가도 못 가고 열심히 일하는 직원들에게 어떤 격려와 위로의 말을 해줄 까 고민하던 차에 마침 김기남 작가로부터 큰 선물을 받았다.

『실전 중소기업 성공전략(강소기업의 77가지 경영 Know-how)』.

가끔은 경영현장에서 무기력해 질 때마다 신선한 충격으로 다가오는 체험 수필. 한 여름 무더위에 갈증을 해결해 줄 시원한 청량음료와도 같은 기업의 경영지침서를 만나게 된 것이다. 그의 5번째 이야기를 통해 또 다시 새로운 활력과 용기를 재충전 하고 싶다.

나는 그동안 대기업에 근무하며 중소기업 현장에 대해 제대로 알지 못했었다. 이제 중소기업에 몸 담은지 1년이 되어간다. 첫 출근을 하던 날 친구에게서 날아온 메시지가 늘 뇌리를 맴돈다.

"대기업이 태평양이라면 중소기업은 웅덩이에 고인 물과 같다. 새로운 경영자로서 초기에 너무 무리한 변화를 시도하지 마라. 얕은 물은 돌맹이만 던져도 흙탕물이 된다."

처음엔 무슨 의미인지 잘 와 닿지가 않았다. 그러나 직접 구성원이 되어 생활하면서 이제는 조금씩 그 말의 진정한 의미를 이해하기 시작했다. 중소기업은 시스템과 조직력이 취약하여 무작정 흔들어 대면 붕괴된다는 뜻이었다. 대기업은 완벽한 시스템과 조직력으로 업무를 추진하지만 중소기업은 열악한 경영환경 탓에 인적자원도 부족하고 조직보다는 각자의 개인기에 의해 움직이고 있다고 해도 과언이 아닐 것이다. 결론적으로 중소기업이야말로 오히려 '일당백'의 도전정신과 우수한 능력을 갖춘 인재를 더 필요로 하고 있다. 인재가 곧 시스템이며 조직이고 경쟁력인 것이다.

새로운 중소기업 환경에서 고민하며 방황하고 있던 나에게는 명확한 방향을 알려 줄 등대가 필요했다. 어떻게 인재를 발굴하고 육성할 수 있는가? 이 책을 통해 그 해답을 구하려 한다. 가끔씩 작가와 소주잔을 나눌 때면 작가가 중소기업 현장에서 몸소 체험하고 터득한 소중하고 진솔한 이야기를 들을 수 있었지만, 그의 혼과 철학을 담은 한

권의 책을 늘 가까이 할 수 있어 더욱 행복하다.

"인재의 육성, 바람직한 조직문화, 기업생명은 영업력, 직장인의 행동강령, 현장경영의 철학, 품질이 곧 경쟁력, 긍정과 열정의 힘…."

어느 것 하나 중소기업에서 소홀히 다루어서는 안되는 핵심 과제들이다. 중소기업이 강소기업으로 탈바꿈 하기 위해선 기업의 문화와 체질을 획기적으로 개선해야 하는데, 그 해결책이 이 한 권의 책 속에 녹아있다. 이 책을 펼치는 순간 작가가 경영 현장에서 흘린 땀 내음이 마치 달콤한 향기처럼 구절구절마다 스며 있어 책 속에서 그의 성공적인 인생을 만나는 것만 같다. 이 한권의 책 속에서 우리나라의 숙원인 강소기업들의 새로운 탄생을 기대해본다. 답은 책 속에 있지만 그 성공의 열쇠를 찾는 것은 바로 독자의 몫이다.

오성엘에스티(주) 사장 강완모

삼성전자(주) LCD 중국법인장 역임

중소기업 경영에 투영된 금과옥조(金科玉條)들

오랜 연습 없이 무대에 서는 오케스트라는 없을 것이다. 오케스트라는 지휘자의 선곡과 해석 방향을 이해하고 이를 연주하기 위해 무던히 노력하는 단원들의 합심이 이루어질 때 청중들에게 감동을 선사할 수 있다고 생각한다. 또한 이를 위해 단원들의 협동심과 개인의 능력을 이끌어 줄 수 있는 지휘자의 역량 역시 중요시 될 것이다.

기업의 경영활동은 오케스트라와 많이 닮아있다. 최고경영자는 고객 만족이라는 최대의 목표를 위해 기업이 나아가야 할 방향을 제시해주고 직원들의 능력을 최대화하기 위해 이들을 이끌어 줄 필요가 있다.

오늘날 기업은 사람이 경쟁력이다. 성공적인 기업이 되기 위해서는 최고경영자와 직원들이 고객의 가치 만족을 위해 하나가 되어야한다. 이를 위해 고객이 무엇을 원하고 있고, 이에 기업은 어디로 가야 하며, 직원들은 기업의 목표에 맞춰 자기를 어떻게 혁신하여 성취의 만족을 이루어 나갈 것인가에 초점을 두어야 한다.

하지만 바쁜 현대인의 삶 속에는 이를 간파할 여유가 없을 수 있다. 이러한 시대적 요구에 맞추어 『실전 중소기업 성공전략』이라는 이름으로 집필된 본서는 인격적으로 소중한 나 자신이 기업 조직과 소중한 고객에게 어떻게 다가가고, 어떤 가치와 처신을 중요시 하여야 하며, 어떻게 역할을 수행할 것인가에 관련된 조직 구성원 관점에서 멋진 글을 남기고 있다. 아울러 기업의 정도(正道)적 사명이 기업의 본질인 고객과의 신뢰 증표인 품질에 있다는 것 또한 일갈하고 있다.

특히, 이 책은 촌철살인(寸鐵殺人)과 같은 금과옥조(金科玉條)를 제시하고 있다. 우리가 살아가야 할 인생의 태도와 관련된 "긍정적인 삶, 실패를 두려워하지 않는 도전적인 삶, 정직함, 솔직함"이 중소기업 경영에 어떻게 투영되고 있는가를 역설하고 있는 것이 감동적이었다.

미연방준비제도이사회 의장인 벤 버냉키(Ben Bernanke)는 2013년 6월에 있었던 프린스턴 대학 졸업 축사에서 "당신의 유니폼이 더러워지지 않았다면 게임을 제대로 뛰지 않은 것이다."라고 한 바 있다. 또한 2013년 미국의 경제잡지인 포브스(Forbes)에서 세계에서 가장 영향력 있는 유명인으로 선정된 오프라 윈프리(Oprah Winfrey)는 자서전에서 "인생은 절대 포기하는 것이 아니라 도전하는 것이다." 라고 한 바 있다. 김기남 작가 역시 "성실, 정직, 집념"으로 땀 흘려 도전하는 삶 이 기업과 내가 성공할 수 있는 요체임을 강조하고 있다.

이 책의 메시지는 나의 노력이 나의 인생도, 내가 속한 중소기업 도 성공으로 이끌 수 있다는 것이다. 오랫동안 전문경영인으로 살아 온 나 자신도 이에 절실히 동감하고 있고 이 책을 통해 여러분의 삶 도 바뀔 수 있다고 믿기에 적극적으로 독자들에게 이 책을 추천하고 자 한다.

중국 東南엘리베이터 총재 변재원

한국승강기안전관리원 중국전문위원
LG-OTIS 엘리베이터 중국 총괄법인장 역임

| 목차 |

제1장 우리나라 중소기업의 실태와 과제

제2장 사람이 경쟁력이다

제6장 **경쟁력은 생산현장에서 나온다**

제7장 품질이 회사를 지킨다

무슨 일이든 해내는 긍정의 힘

우리나라 중소기업의 실태와 과제

애정을 갖고 일한다는 것은 무엇인가?
당신 가슴에서 뽑아낸 실로 천을 짜는 것.
마치 연인에게 옷을 지어 입힐 천을 짜듯
그렇게 짜는 것이다.

_ 칼릴 지브란

우리나라 중소기업은 전체 기업 수의 99%를 차지하고 있고,
종업원 고용숫자는 전체 근로자의 88%를 차지하고 있을 정도로 기업과 근로자에 있어서
절대적인 비율을 차지하고 있다. 이런 수치를 놓고 볼 때
'중소기업이 살아야 경제가 산다'라는 말이 이 시대를 살아가는 우리들이
해결해야 될 중요한 명제이기도 하다.
중소기업이 대기업과 공존하며 지속적인 경제 발전을 이루기 위해서는
먼저, 중소기업의 현황을 정확히 진단하고 그 문제점을 해결해 나갈 수 있어야겠다.
그 중 중요한 몇 가지 문제섬에 대해서 알아보고자 한다.

시장개척이 어렵다

아파트 주변 식당가를 유심히 살펴보면 음식점 간판이나 주인이 자꾸 바뀌는 현상을 볼 수 있다. 하나의 실례를 든다면, 2011년도에 전국 치킨전문점 7,600곳이 문을 닫았는데, 치킨전문점이 3년이면 50%가 문을 닫고 10년이면 80%가 폐업을 한다고 한다.(2013년 2월 6일 매일경제)

이렇게 되는 가장 큰 이유는 고객이 찾아오지 않았기 때문이다. 마찬가지로 기업에서도 고객은 그만큼 중요하고, 고객사는 기업의 생존과 운명을 결정짓기도 한다.

요즘 대부분의 시장은 공급이 수요를 웃돌고 있다. 그러다 보니 수요자 입장에서는 느긋한 편이다. 새로 창업을 한 중소기업이나 창업한 지 몇 년이 되는 중소기업이나 마찬가지로 회사의 운명이 시장에 달려있다고 해도 과언이 아니다.

그렇다면 시장을 개척할 수 있는 경쟁력 있는 장점을 보유해야 할 것이다.

이를 테면,

- 신기술
- 가격경쟁력
- 품질 등으로

수요자의 입맛에 맞고, 고객사가 필요로 하는 상품을 공급할 수 있다면 시장개척은 어려운 일만은 아닐 것으로 본다.

자금조달이 어렵다

　기업의 자금은 사람으로 보면 피에 해당된다. 그만큼 기업 경영의 핵심에 해당되는 부분이다. 오늘날 대기업도 초기에는 중소기업부터 시작했겠지만, 중소기업의 자금조달은 기업경영에서 가장 어려운 난제에 속한다.

　물론 가장 자연스러운 방법은 영업에 의한 자금확보 방안이다. 그런데 문제는 영업 물동량에 달려있다. 고객사로부터 일정한 물동량이 확보되어 있다거나, 또는 물동량이 증가 추세에 있으면 그만큼 자금확보 면에서 여유가 있겠지만, 물동량이 갑자기 없어지거나 감소추세에 있다면 기업으로서는 비상일 수 밖에 없다.

　물동량 확보도 치열한 경쟁이다. 신규로 진입하는 납품업체가 있다면 이런 업체들은 대략 20% 전후의 가격인하를 경쟁력으로 납품하게 된다. 그렇게 되면 기존업체들도 거기에 맞춰서 20% 정도 가격인하를 할 수 밖에 없다. 게다가 기존 업체들간에도 가격 경쟁이 치열하다. 일부 고객사들은 납품업체들간에 경쟁입찰을 통해서 최대한 가격인하를 유도하고 있다.

중소기업 입장에서 필요한 운영자금 확보를 위해서는 부동산담보를 통한 금융권 대출 외에 기술보증과 미래비전에 대한 신용보증의 활성화와 엔젤투자자, 벤처투자자의 적극적인 투자가 가능하도록 국가적인 차원의 지원이 필요하다.

안정된 직원운영이 어렵다

언론에서 실업자가 많다고 하지만 기업입장에서 보면 일할만한 사람을 찾기도 어렵다. 사회 초년생들은 연봉과 복지혜택, 안정된 직장과 대외적 이미지를 고려하여 주로 대기업과 우수 중견기업으로 몰리는 현실에서 중소기업의 성장에 필수적인 우수인력의 확보는 꿈같은 일이다.

그러다 보면 중소기업은 비전문가들로 인원을 확보해서 운영해 나갈 수 밖에 없는데, 결국 다음과 같은 문제점이 노출된다.

- 이직률이 높다.
- 회사에 대한 충성심이 낮다.

- 소속감이 결여된다.
- 전문성이 낮다.
- 회사 분위기가 밝지 않다.

이런 문제점을 안고 중소기업을 경영해 나가기 위해서는 나름대로의 경영 노하우나 방안을 가지고 있지 않으면 안 된다. 어렵게 키워온 경력사원의 퇴사로 해당 업무가 차질이 발생되거나 심지어는 아예 사라지는 경우도 있다.

그러한 사태를 막기 위해서는 회사의 성장이나 발전도 중요하지만 직원들의 복지나 애로사항을 경청함으로써 그들과 함께 상생의 길을 간다는 생각을 심어줄 수 있어야 한다.

중소기업에도 강소기업이 있다

　기업에는 대기업만 잘하고 있는 것은 아니다. 언론에 노출이 안 되어 대중적으로 많이 알려지지는 않았지만 나름대로 경쟁력을 갖춰 세계적으로 이름을 떨치고 있는 강소기업도 많이 있다. 물론 강소기업이 되기까지에는 그만큼의 노력과 체계적인 전략도 함께 했다는 것을 알 수 있다. 따라서 중소기업도 하는 역할에 따라서 얼마든지 강소기업이 될 수 있음을 알 수 있다.

　우리 주위에 있는 강소기업 사례를 보면

- 디지털 도어락 국내시장 1위인 **아이레보**
- 세계적인 셋톱박스 업체인 **휴맥스**

- 초정밀 커넥터분야에서 급속히 성장하고 있는 **씨엔플러스**
- 쇠를 깎는 절삭공구의 일종인 '엔드밀'의 전문제조업체인 **YG-1**
- 헤어드라이어 회사인 **유닉스 전자**
- 오토바이 헬멧 생산업체인 **HJC**

등과 같은 많은 강소기업들을 우리 주위에서 볼 수 있다.

강소기업이 되기 위해서는 전 직원이 꿈과 열정으로 똘똘 뭉쳐 있어야 하고, 고객의 니즈를 신속하게 파악해서 대응해 줄 수 있어야 한다.

중소기업에 필요한 지원정책

우리나라는 그동안 대기업 중심의 경제정책을 이끌어 왔다. 그런 탓에 세계적으로 굴지의 기업도 탄생이 되고, 그런 글로벌기업 때문에 우리나라가 경제대국에 포함이 될 수도 있었다.

밝은 면도 있는 반면에 어두운 면도 상존하고 있다. 빈부의 차는 크게 벌어졌고 중소기업의 자생력 또한 어렵기 그지없다. 그러다 보니 중산층의 몰락이라는 현상까지 나타나고 있다. 이제는 정부와 대기업이 나서서 건전한 중소기업을 육성하고 이를 통해서 중산층도 확대해 나가는 정책을 펴야 한다. 그리고 궁극적으로는 빈부의 격차를 줄여 나가야 할 것이다.

① 운영자금 지원

대기업은 자금 운영면에서 어느 정도 자생력이 있지만, 중소기업은 그야말로 풍전등화일 경우가 많다. 매출의 기복에 따라서 회사도 같이 휘청거리거나, 납품대금이 회수되지 않을 때는 뾰족한 대안이 없는 경우가 많다.

이러한 어려운 시기만 넘겨주면 얼마든지 잘 운영할 수 있음에도, 단기적인 자금운영이 어려워서 힘든 경우를 맞이하는 경우가 적지 않은 현실이다. 이런 경우를 대비해서 필요한 것이 정부와 대기업의 운영자금 지원정책이다.

- **금융기관을 통한 저금리 대출** : 신제품 개발, 설비투자, 원자재 도입의 경우
- **대기업의 상생협력펀드 조성** : 운영자금 필요시

② 인력확충 지원

실업자는 넘쳐나고 있는데 중소기업에서는 정작 일할 사람이 없어서 가동을 제대로 못하는 경우가 있다. 설령 중소기업에 입사를 했다고는 하지만 필요한 일을 할 수가 없어서 헤매는 경우도 있다.

인력확충에 필요한 지원정책만 잘 펼쳐나간다면 얼마든지 큰 도움이 될 수 있으리라 본다.

- **중소기업 근로자에 인센티브 지원** : 세금감면, 생계형 자금 신용대출(중소기업 근무 조건), 학비 감면
- **중소기업 경력사원 대기업으로의 유입 제한**
- **중소기업이 필요로 하는 분야 파견교육** : 전문기술, 외국어, 자기계발

③ 영역보호

우리나라 대기업은 이제는 세계적인 규모로 성장한 기업도 많고 그만한 경쟁력도 갖추고 있다.

그러나 아쉽게도 중소기업이 몸담고 있는 영역으로 대기업이 진출하면서 관련된 중소기업이 몰락하거나 어려움을 겪고 있는 경우를 쉽게 찾아 볼 수 있다.

이제는 대기업이 할 수 있는 영역과 중소기업이 할 수 있는 영역을 어느 정도 구분함으로써 대기업의 과도한 욕심 때문에 중소기업이 어려움을 겪는 일은 막아야 할 것이다.

이를 위해서는 어떤 정책이 필요할까.

- 중소기업 직거래품목의 대기업 계열사를 통한 구매 제한
- 대기업 신규사업 진출시 중소기업협의체(가칭)의 승인 필요
- 대기업이 이미 진출한 중소기업품목은 정부가 조정한다.

④ 공정한 단가 보호

대부분의 상품은 시장에 출시됨과 동시에 가격은 하락되기 마련이다. 납품업체에 납품단가를 인하해달라고 요구를 하고 있지만, 대기업 스스로도 원가절감을 위해서 피나는 노력을 하고 있는 것도 사실이다.

특허청장 방문 장면

그러나 납품단가 인하에 대해서 대기업과 중소기업이 느끼는 체감지수는 크게 차이가 날 수 밖에 없다. 중소기업도 살아야 하고 성장을 해야 하기 때문에, 어느 정도는 합리적인 수준에서 협의를 거치는 게 좋을 것 같다.

- **단가인하 횟수 제한** : 년 1~2회
- **단가인하시 대기업 · 중소기업간 TFT 구성** : 그동안 축적되어온 대기업의 원가절감 노하우를 중소기업에 이전 · 전수
- **중소기업 특허 및 기술보호** : 법률적 · 제도적 장치 마련

제2장

사람이
경쟁력이다

만나는 모든 사람에게서
무엇인가를 배울 수 있는 사람이
이 세상에서 가장 현명하다.
_ 탈무드

기업은 곧 사람이다. 사람에 의해서 이루어지고, 사람에 의해서 이끌어져 나간다.
기업의 구성원 중에 어떤 사람이 있느냐에 따라서 흥하기도 하고, 망하기도 한다.
기업의 최고 책임자가 가장 중점을 두고 관리해 나가야 할 부분이기도 하다.
하지만 생각처럼 기업을 흥하게 할 수 있는 인재를 확보하기란 쉽지가 않다.
누구나가 쉽게 할 수 있는 일이라면, 실패한 기업이 왜 발생하겠는가.
따라서 우수한 인력 확보에서부터 전체 직원을 교육을 통해 육성해 나가기까지
기업이 책임을 지고 운영해 나가야 한다.

인생의 스승을 두도록 한다

　사람은 누구나가 태어나면 교육을 받으면서 살아간다. 가정에서, 학교에서, 직장에서 수많은 교육을 받게 된다. 이런 규격화된 교육 말고도 나에 대한 인생의 나침반이나 기준서가 될 만한 스승이 계신다면 얼마나 큰 도움이 되겠는가.

　일본의 대형 제약회사인 호탄(寶丹)의 초대사장 모리다 지헤이에(守田 治兵衛)가 사업의 실패로 자살할 장소를 찾기 위해 여관을 전전할 때, 그를 죽음에서 구한 것은 여관 붙박이장에 붙어있던 다음과 같은 짧은 글귀였다.

　"우리 모두 벌거숭이로 왔거늘, 부족한 것이 무엇이냐!"

모리다 사장을 호되게 경책한 것은 일본의 고승 이큐(一休) 선사의 짧지만 강력한 가르침이었다. 이와 같이 스승은 훌륭한 사람은 물론이요, 인생의 경륜을 일러주는 책이나 문장, 대자연 등 그 무엇이라도 가능한 것이다.

스승의 역할은 아무리 강조해도 지나치지 않기에 자기계발서들은 항상 삶과 인간관계를 통해서 배우도록 하고 자신에게 멘토(mentor)가 되어줄 사람을 찾으라고 조언한다. 여기서 멘토란 인생에 대한 조언과 충고를 해주고 삶의 방향을 잡아주고 설정해 주는 사람을 뜻하며, 멘티(mentee)는 멘토로부터 인생에 대한 조언과 충고를 받는 사람을 말한다. 멘토는 상대방보다 경험이나 경륜이 많은 사람으로서 교사, 인생의 안내자, 본을 보이는 사람, 후원자, 장려자, 비밀까지 털어놓을 수 있는 사람, 스승 등을 들 수 있다.

직장에서의 멘토제도

한국 사회에서는 멘토와 멘티가 인생의 선배(또는 직장 상사)나 후배에 해당될 것이다. 인생에 달관한 선배와 아직 미숙한 후배라는 관계는 삶을 살아가는데 있어서 매우 좋은 관계이다. 선배는 자신이 걸어온 인생여정을 압축해서 요령있게 후배에게 잘 가르쳐 주는 것이 필요하고, 선견지명(先見之明)으로 미래에 불어닥칠 일들에 대해서 미리 알려주어 후배가 큰 어려움을 극복하도록 도와주는 역할을 한다.

생일자 축하행사

동시에 후배는 선배로부터 걸어가야 할 험난한 인생의 여정을 제시받고 지시와 조언에 따라 성실히 정진할 필요가 있다. 후배는 선배를 존경하고 선배는 후배를 사랑하는 관계가 형성된다면 금상첨화(錦上添花)일 것이다.

이런 장점 때문에 기업 현장에서는 멘토와 멘티의 관계를 적극 활용하는 멘토링(mentoring)이 강조돼 왔다. 경영학에서 멘토링이란 '현장 훈련을 통한 인재 육성 활동'으로 정의된다. 즉, 회사나 업무에 대한 풍부한 경험과 전문 지식을 갖고 있는 사람이 1:1로 전담하여 구성원(멘티)을 지도, 코치, 조언하면서 실력과 잠재력을 개발, 성장시키는 활동이라 할 수 있다. 최근에 많은 기업들이 도입하고 있는 후견인(군대에서는 '사수') 제도가 바로 멘토링의 전형적인 사례이다.

미국의 자기계발 전문가인 브라이언 트레이시(Brian Tracy)는 "성공이란 당신이 가장 '즐기는 일'을 당신이 '감탄하고 존경하는 사람들' 속에서, 당신이 가장 '원하는 방식'으로 행하는 것"이라고 했다. 주변에 감탄하고 존경할 만한 스승이나 선배가 있다면 앞 길은 이미 열려 있는 셈이다. 멘토의 가르침에 따라 목적지를 향해 묵묵히 걸어가는 것은 후배의 몫인 것이다.

사업이 위기에 봉착했거나 늘 발전 없이 제자리 걸음만 하는 상태일 때, 그때는 망설임 없이 멘토를 찾아야 한다. 내가 무언가를 배울 수 있는 사람, 따라하고 싶은 역할모델(Role Model)을 찾는 것이다. 그 사람이 꼭 연세가 많은 사회 원로이거나 학교 선배, 직장 상사일 필요는 없다. 동료든 후배든 각 분야에서 배울 게 있는 사람이라면 주저 없이 찾아가 도움을 청해야 한다. 그것이 겸연쩍거나 어렵다면 그를 유심히 관찰하고 모방해 보는 것도 좋을 것이다. 창조야말로 위대한 모방에서 나온 것이기 때문이다.

'근묵자흑 근주자적(近墨者黑 近朱者赤)'이라고 했다. 먹을 가까이 한 사람은 검어지고, 인주를 가까이 한 사람은 붉어지기 마련이다. 성실하고 지혜롭고 덕 있는 멘토를 가까이 모시는 사람은 저절로 인격이 감화되기 마련인 것이다. 기업 활동을 비롯한 세상을 사는 지혜 역시, 여기에서 벗어나지 않는다.

인재 양성은 선택이 아닌 필수

가장 높은 곳에 올라 가려면
가장 낮은 곳부터 시작하라.

푸블릴리우스 시루스

태릉선수촌에는 수많은 선수들이 국가를 대표해서 4년마다 돌아오는 올림픽을 대비해서 혹독한 훈련을 받고 있다. 올림픽에 출전하는 선수들이 사전준비 없이 어느날 갑자기 급조해서 제대로된 훈련 없이 경기에 임하게 된다면, 좋은 성적을 거둘 수 있겠는가? 거기에는 자멸만 있을 뿐이다.

전국에서 뛰고 있는 운동 선수들을 대상으로 종목별로 엄격한 심사와 테스트를 거쳐서 선발한 선수들을 대상으로 훈련소에 입촌을 시켜서 과학적이고 체계적으로 훈련을 시켜야만 큰 경기에 나가서 좋은 성적을 기대할 수 있는 게 아닌가.

기업에서도 마찬가지다. 전직원을 스카웃 할 수는 없는 일이다. 그래서 채용된 직원들을 대상으로 교육을 통해서 회사가 필요로 한 사람을 만들어 나가야 한다.

기업의 성공 요인을 사람에게서 찾는 것이 기본에 충실한 경영이요, 기업의 백년대계를 내다보는 장기적인 투자가 된다.

사내외 직원 교육은 필수

대기업은 비교적 교육에 대해서 상당히 체계적이고 관심도 많아서 전직원을 대상으로 많은 교육의 기회를 제공하고 있다. 그러나 우리 나라 전체 기업의 99%를 차지하고 있는 중소기업에서는 그렇지 못한 것이 현실이다. 어느 부서에 사람이 필요하다고 하면 채용하자마자, 실무에 배치하기 급급하고 실무에 배치하고 나면 교육을 위해서 별도 의 시간을 내기 조차 어렵다.

중소기업의 현실에서는 사내 교육을 너무 거창하게 생각할 필요는 없다. 어떤 교육기관에 입교를 시켜서 특별한 과정을 이수하도록 하 는 것만이 능사는 아니다. 우선은 입사자에 대해서 오리엔테이션을 실시하는 것이 반드시 필요하다.

회사 소개와 조직도 설명, 각 부서별 역할, 우리 회사는 어떤 상품 을 만드는가, 시장은 어떻게 형성되어 있는가 등 회사 직원으로서 알 아야 할 기초 상식에 대해서 설명하고 실무에 들어가기 전에는 작업 시에 주의사항을 함께 일러준다. 이 과정을 무시하고 실무에 투입된

전직원 교육 장면

인력 때문에 적지 않은 불량과 실패사례를 얼마든지 경험할 수 있었을 것이다.

그렇게 해서 채용된 직원과 전 직원에 대해서는 자체 강사를 통해 수시로 직무교육을 받도록 한다. 회사의 간부들은 적어도 그 분야에서 수 년 또는 수십 년의 경험과 노하우를 확보하고 있기 때문에 그분들을 통하여 필요한 과정을 교육받도록 해야 한다.

어떻게 보면 단순하면서도 어렵지 않게 보이지만, 활용이 잘 되지 않고 있는 것이 현실이다. 그리고 사내 교육이 어느 정도 정착된다면 그 때부터는 사외 교육에도 관심을 가져야 한다. 우리 회사를 알고 나면 '다른 회사의 사정은 어떤가?' 하고 물음표를 던져봐야 한다. 우리의 방식이 최선이 아닐 수 있다고 생각해야 한다. 때문에 우리 회사가 알지 못하는 좀 더 폭이 넓고 깊이 있는 내용에 대해서도 교육의 기회를 제공할 수 있도록 한다. 직원들의 성장을 통해 그만큼 회사도 성장해 나가는 것이다. 회사의 능력은 곧 직원 개개인의 능력에 달려 있다.

이제는 글로벌 시대다

기업에서 일어나고 있는 일들이 우리나라에 국한된 것은 거의 없다. 사용되고 있는 부품에서부터 해외의 경쟁업체 시장에 이르기까지 이제는 전 세계를 통해 정보를 수집해 이해하고, 경쟁을 펼쳐야 한다. 국내 시장에만 시선이 머물러 있다면 우물 안 개구리가 될 수 밖에 없다.

우리가 만들어 내고 있는 상품이나 제품이 세계시장에서는 어떤 위치에 있는지, 가격 경쟁력은 어떤지, 기술의 트랜드는 어떻게 바뀌어 가고 있는지, 이런 것들에 대해서 정보와 지식이 없으면 결국은 도태되기 마련이다.

해마다 세계 곳곳에서는 각종 박람회나 전시회가 열리고 있다. 관계 부서 직원들이 그런 행사를 관람하거나 참여해서 상대방을 파악할 수 있도록 해야 한다. 선진 회사를 직접 방문해 보는 것도 중요하다. 경쟁사의 생산시스템, 품질시스템은 어떻게 이루어져 있는가? 상대방을 통해 우리 회사의 장단점을 비교분석함과 동시에 상대방의 장점을 벤치마킹할 수 있도록 해야 한다.

회사의 재산을 지킬 수 있는 직원

　돈은 벌기는 힘들어도 쓰기는 쉽다. 많은 인원이 근무하는 회사는 더욱 그렇다. 회사 재산은 내 것이 아니고, 우리 집 것이 아니기 때문에 함부로 사용하고 그 재산을 지키지 않는다면, 결국은 직장이 무너질 수 밖에 없다.

　그러나 의외로 회사 직원들이 자기 회사의 재산에 대해서 악착 같이 지켜야 한다는 사명감이나 책임감이 부족한 것 같다. 따라서 회사 재산이 바로 직원들의 재산이요 공동의 재산임을 주기적이고 반복적으로 교육시킬 수 밖에 없다. 그래서 이러한 의식이 투철한 사람이 승진이 되고, 좋은 고과 점수를 받을 수 있도록 제도화시켜야 한다.

　이렇게 교육과 제도화를 통해서 직원들의 근검 절약정신이 뿌리 내려서 자리잡을 수 있도록 해야 한다. 회사 곳곳에 경비를 절감할 요소는 없는지, 효율적인 업무가 이루어지고 있는지, 부서별 인원은 적정한지 등 세심하고 꼼꼼하게 챙겨봐야 한다.

이는 비단 경영진이나 간부들만의 일이 아니다. 회사에 몸 담고 있는 전 직원이 자기 회사의 재산을 지켜야 한다는 의식이 있어야 하는 것이다. 욕실에서 수돗물이 한 방울씩 새고 있지나 않은지, 불필요한 전등불이 켜있지나 않은지, 철두철미하게 절약정신을 심어줄 수 있도록 하자.

전 직원이 사장이다

기업 활동을 하다 보면, 거래처 회사가 부도가 나는 경우를 종종 볼 수 있다. 물론 부도는 최고경영자에게 가장 큰 책임이 있다. 그렇다고 해서 말단 직원들은 책임이 없는 게 아니다. 회사의 경쟁력은 전 직원으로부터 나오기 때문이다.

예를 들어, 전 직원 중에 한 명만이라도 작업을 잘못하면 회사로서 감당하기 어려운 불량과 클레임을 맞을 수도 있다. 직급이 높다고 해서 회사에 큰 손실을 줄 수 있고, 직급이 낮다고 해서 회사에 작은 손실을 끼치는 것이 절대 아니다. 그렇기 때문에 전 직원이 경영자이면서 사장과 같이 사고하고 행동하는 것이 필요하다.

우리는 때때로 주인정신을 갖자고 한다. 주인과 같이 생각 하지 않

씨엔플러스 전경

고 남의 집 또는 남의 일처럼 생각해서는 절대로 본인도 발전할 수 없고, 회사도 성장할 수 없다. 언제 어디에서나 내가 주인이고 사장이라는 생각을 잊지 않아야 한다.

중국의 임제 선사는 "어느 곳에서나 주인이 된다면 현재 서있는 그곳은 다 참되고 진실한 곳이다(隨處作主 立處皆眞)"란 유명한 말을 남긴 바 있다. 어느 회사, 어느 직급에 근무하든 주인의식을 가진 직원은 늘 당당하고도 즐거운 마음으로 일할 것이며, 언젠가는 회사의 임원이나 최고경영자까지 승진할 수 있을 것이다.

제3장

직원들의 태도를
변화시키는 기법

프로에게서 자기 수련과
극기심을 배워라.
_ 카우틸랴

우리 속담에 "호랑이에 물려가도 정신만 차리면 살 수 있다"는 말이 있다.
이것은 어떤 환경이나 역경에 처해 있어도 정신을 차리고 살 궁리를 하면
살아날 수 있다는 얘기다. 결국은 정신 자세와 태도의 문제인 것이다.
오늘날은 글로벌시대이면서 무한경쟁의 시대이다.
기업에서 사장 한 사람의 능력과 추진력으로 모든 난관을 헤쳐나가기에는 역부족이다.
전직원이 똘똘 뭉쳐서 힘을 합해야 하는데, 직원들을 면면히 쳐다보면 그렇게 쉽지가 않다.
때문에 직원들에 대해 교육과 현장실습을 통해서 태도를 변화시켜야만
치열한 경쟁에서 이겨나갈 수 있는 것이다.
중소기업이 올바르게 성장하기 위해서는 직원들의 태도와 자세가
굳건히 서 있지 않으면 안된다. 잘못된 업무 태도와 정신 자세는 바로잡아야 한다.
필자가 과거 경험으로 비춰보았을 때의 몇 가지 사례를 들면서
직원들의 태도를 변화시키는 기법을 소개하고자 한다.

경영진의 솔선수범

윗물이 맑아야 아랫물이 맑은 것이 인지상정이다. 직장에 있는 기성 세대들은 힘든 시기를 거치면서 살아왔기 때문에 무슨 일이든지 스스로 헤쳐나가려는 정신이나 사상들을 가지고 있다. 반면에, 요즘 신세대 직장인들은 물질적인 면에서 풍족하게 살아왔기 때문에 힘든 일이나 어려운 일들을 마주치면 피하려는 분위기를 엿볼 수 있다. 이런 젊은 직원들을 대상으로 무슨 업무를 시킨다고 하면 쉽게 수긍하기가 어려울 수도 있고, 더구나 자발적으로 업무 추진을 기대한다는 것이 쉽지 않을 수도 있다.

이러한 상황에서는 어떤 일을 직원들에게 먼저 시키기 보다는 경영진에서 솔선수범을 보여주는 것이 훨씬 효과적이다. 예를 들어, 사무실이나 현장에서 더러운 것을 보면 치운다던지, 제품을 납품하기 위해서 차에 물건을 실을 때 먼저 제품을 들어올린다던지, 직원들이 힘들어하고 하기 싫어하는 것들을 경영진에서 먼저 나서서 실행을 하고 부하 직원들의 그 장면을 보고 따라오도록 하는 것이다.

① 철저한 근태관리

회사 질서 중에 가장 기본이 되는 것이 근태(勤怠)이다. 특히 이 부분은 대기업도 해당되는 경우가 많지만, 중소기업에서는 전날 회식이 있었다거나 동창이나 동료들하고 밤늦게 술을 먹었을 경우에 지각하는 경우가 많다. 심한 경우에는 결근까지도 한다. 과연 이런 자세로 올바른 업무가 이뤄지겠는가.

우리 회사 취업규칙에는 매달 지각, 조퇴 회수가 3회 이상인 경우에는 상여금 지급시 부분 공제하도록 되어있고, 출근 성적이 불량하여 징계처분을 받았거나 3일이상 무단 결근한 자는 해고할 수 있다고 되어있다. 물론, 회사 직원을 징계로 다스리는 것을 크게 장려할 사항은 아니지만 말이다.

필자는 지난 30년간 1등 출근을 하면서 지금도 근무시작 2시간 전에 출근을 한다. 영업팀 회의를 07시 40분에 하고 아침 전체 조회를 08시 20분에 갖는다. 부사장이 가장 먼저 출근하여 회사 출입문을 열어놓고, 일을 시작하고 있기 때문에 눈에 보이지 않게 직원들의 출근

시간이 조금씩 당겨지고 있는 것이다. 근무시작에 맞춰 헐레벌떡 들어오는 것보다 10분에서 20분 먼저 출근하여 근무준비를 해놓으면 하루 일과가 알차게 진행될 것은 말할 것도 없다.

② 하고 싶지 않은 일 먼저 하기

예전 직장에 근무할 때의 일이다. 임원으로 부임을 해서 출근을 하다 보니, 여러 가지로 착잡한 생각이 많이 들었다. 설립된 지 17년이나 되었고, 회사 소유의 3층 건물을 가지고 있고, 중소기업으로서는 비교적 내실은 있었다. 그러나 조금만 들여다보면 사장 한 사람의 역량에 의해 회사가 움직여나가고 있었고, 진취성을 찾아보기는 힘들었다.

생각 끝에 먼저 직원들의 생각과 태도를 바꾸어야겠다고 마음먹고, 가장 먼저 출근해서 회사 운동장을 빗자루로 쓸고 1, 2, 3층 화장실 청소를 혼자서 직접 하였다. 우선 환경부터 깨끗이 하고 나서 생산성이나 품질에 관해서 말할 수 있을 것 같았다.

청소를 2004년 6월부터 시작하게 되었는데, 아침이라도 1시간 정도 하고 나니까 땀이 뻘뻘 나왔다. 며칠만 하면 직원들이 동참할 것으로 생각했는데, 전직원이 150명이나 됨에도 불구하고 3개월이 되어도 아무도 나서지를 않았다.

마치 내가 화장실 용역인으로 보이는 것 같은 생각조차 들었다. 직원들이 야속하기도 하고 미워지기도 했다. 그런데, 3개월이 지나자 회사 기숙사에 기거하고 있던 외국인 근로자들이 동참하기 시작했다. 말도 잘 통하지 않지만, 앞으로는 자기들이 하겠다고 해서 나하고 같이 하자고 했다. 좀 더 지나니까 다른 직원들도 그냥 보고만 있기가 미안했던지, 출근하는대로 화장실 청소에 동참하기 시작했다.

6개월이 지나니까 월별로 매일 청소당번을 정해서 자체적으로 청소를 하는 규칙이 자리잡게 되었다. 게다가 직원들의 태도나 자세가 조금씩 바뀌면서 무슨 일이든 내가 스스로 할 수 있고, 해보겠다는 생각들이 나타나기 시작했다. 처음 시작은 힘들었지만, 직원들이 자발적인 애사심을 갖게 되는 것을 보면서 보람을 느끼게 되었다.

목표치를 크게 준다

목표란 우리들이 계속 앞으로
나아가도록 해주는 것이다.

앤드류 매튜스

회사에서 특별한 일을 집중적으로 해나가기 위해서 TF TEAM을 운영하는 경우가 적지 않을 것이다. 이런 업무를 시작할 때에는 목표치를 가지고 일을 하게 되어 있는데, 그 목표치가 크면 클수록 폭넓게 생각을 하게 된다. 반면, 목표치가 작으면 작을수록 생각이 주위에서 머물게 된다. 영업부 직원에게 매출 목표를 많이 주면 그만큼 거래선 숫자를 늘려잡게 되는 것도 하나의 예가 될 것이다.

노력은 한만큼 결과를 가져오고, 덜 한만큼 결과도 적게 가져오게 되어있다. 시야를 폭넓게 보고 생각을 깊고 다양하게 하기 위해서는 목표치를 크게 가져가야 한다. 이것은 사무실 직원이나 실무현장에 공통적으로 해당되는 것이다.

① 사고방식을 바꾼다

LG전자 김쌍수 前 부회장님은 재임기간 동안 하신 말씀 중에 "5%는 어려워도 30%는 가능하다"라는 이야기를 직원들에게 수시로 강조했다. 5%는 현재 상태에서 목표치를 잡는 경우이고, 보다 높은 목표치인 30%를 달성하려면 사고를 바꿔야 하고 틀을 바꿔야 가능하다는 이야기다.

목표를 크게 잡고 도전을 하려면 근시안적인 시각으로는 불가능하다. 히말라야 고산을 등반하는 프로젝트와 국내 지리산을 등반하는 일은 준비단계에서부터 다르다. 즉, 어떤 커다란 목표에 도전하기 위해서는 사고를 크게 혁신할 필요가 있는 것이다.

"생각을 바꿔라. 그러면 세상을 바꾼다."(스튜어트 B. 존슨)고 했다. 과거에 했던 것처럼 구태의연한 방식을 가지고는 새로운 세상에서 경쟁해 나가기가 어렵다. 사고에 변화를 가져오기 위해서는 그만큼 많은 정보와 지식이 있어야겠고, 많은 사람들의 의견도 들어야 한다. 그만큼 BACK DATA가 많아야 도움이 된다는 것이다.

② 도전정신 키우기

정도의 차이는 있겠지만, 일부 직원들이 기본 업무에 대해서만 일을 하려고 하고, 기본 업무 외로 주어지는 새로운 일에 대해서는 기쁜 마음으로 받아들이기가 쉽지 않다. 관공서 일보기, 신규 거래선 찾아가기 등 낯선 일들은 기피하거나 두려워하고 쉬운 일에만 관심 있어 한다. 이렇게 해서는 개인의 성공이나 회사의 발전을 기대하기가 어렵다.

따라서 경영진에서는 직원들에게 수시로 새로운 과제를 제시하는 것이 좋다. 그래서 새로운 일에 대해서 두려움을 없애고, 새로운 도전에 대한 기쁨을 맛보도록 해야 한다.

예를 들자면, 새로운 바이어를 찾는 경우도 그렇다. 대부분의 직원들은 한번 찾아가서 면박이라도 당했다 치면 또 다시 만나야겠다는 의욕을 잃는 경우가 일반적이다. "하늘은 스스로 돕는 자를 돕는다"고 했다. 지극 정성으로 바이어를 대한다면 상대방도 조금씩 문을 열 것이다. 어떤 일이든 도전을 하지 않고서는 아무런 할 이야기도 없고, 또한 아무런 결과도 없다.

'안된다'고 하는 직원은 사표 받는다

회의를 한다던가 새로운 일을 추진하려고 하다 보면 유독 "안된다"고 하는 직원이 있다.

"안된다"고 버릇처럼 이야기하는 것은 일종의 병이다. 힘은 들겠지만, 어떻게든 해야 될 일도 이런 사람이 나서서 안되는 쪽으로 바람이라도 잡는 식으로 이야기기를 꺼내면 분위기는 영 썰렁해지고 전체적으로 의욕이 상실되기도 한다.

정작 해보지도 않고서 무책임하게 안되는 쪽으로 몰아가는 것은 회사 차원에서도 해악(害惡)이고, 이런 해악은 방치해서도 안된다. 그래서 경영진에서는 따끔하게 언질을 할 필요가 있다.

"'안된다'라고 말하는 직원은 사표를 받겠다"고, "그런 사고 방식을 가진 사람은 우리 회사에서는 더 이상 필요하지 않다"고 발표를 한다. 어떻든 회사 내에서 "안된다"라는 단어가 더 이상 언급되지 않도록 한다.

① 긍정적 사고만이 해낼 수 있다

필자는 지금껏 회사 일을 해오면서 '내가 하는 일은 모든 것이 가능하다'는 생각을 해왔다. 매출 목표 달성, 인재 스카웃, 거래선 벤더등록 등 비교적 어렵다고 생각된 부분에서 조차 실패를 경험한 적이 없다. 거기에 가장 큰 힘이 된 요인은 바로 '긍정적 사고'라고 생각한다.

1968년 2월 1일 박정희 대통령이 경부고속도로를 착공할 때, 그 시절 야당 및 재야단체에서는 고속도로를 건설하면 나라가 빚더미에 빠지게 되어 망한다고 결사반대를 하였다. 그때 정주영 회장이 나서서 할 수 있다고 동참하여 고속도로를 완성하고 경제개발에 불을 당겼다.

만약 그때 경부고속도로를 건설하지 않았다면 우리나라 경제는 어떻게 되었겠는가. 아마 수 십 년이나 경제개발이 지연되었을 것이다. 생각만해도 끔찍하다. 한 사람의 긍정적 사고와 행동은 불가능을 얼마든지 성공으로 바꾸어 놓을 수도 있다.

② '다음에'라는 단어는 쓰지 않는다

우리는 일을 하거나 약속을 할 때 '다음에'라는 단어를 무심코 사용하고 있다. 그러나 '다음에'라는 단어는 굉장히 무책임하고 신뢰할 수 없는 사람으로 만들기도 한다.

따라서 약속을 할 때는 분명하게 날짜를 제시해야 한다. 회사에서 업무적으로 스케줄을 잡을 때, 거래선과 미팅을 잡을 때는 스케줄이 제시된 계획성 있는 날짜를 잡아야 한다. 만약에 어떤 사람이 '다음에' 만나자고 한다면 그것은 공수표를 남발한 것과 같아서 듣는 사람이 오히려 기분이 나쁠 수 있다.

만약, 약속을 정하기가 애매한 경우는 일단 스케줄을 잡아놓고 뒤에 조정하는 방법도 가능하다. 계획보다 약속시간을 앞당길 수 있고, 뒤로 미룰 수도 있다. 그것은 충분히 상호간에 이해해줄 수 있는 내용이다.

앞으로는 누군가로부터 '다음에'라는 얘기를 들을 때에는 '언제냐?'라고 다시 물어서 확실한 계획을 잡을 수 있도록 하자. 상대방이 내게 약속 시간을 물어 올 때 정확하게 날짜와 시간을 제시할 수 있다면, 그는 자신을 중요한 사람으로 여기고 있다고 생각할 것이다. 이를 위해서는 평소 자신의 일정표를 꼼꼼히 파악하고 있거나, 휴대용 수첩에 꼼꼼히 일정을 기록하는 정성도 필요하다.

③ 일을 떠넘기는 사람은 무능하다

직장생활을 하다 보면 간혹 어떤 일을 놓고 서로 내 일이 아니라고 하면서 다투는 경우를 볼 수 있다. 물론 그럴 수도 있는 일이다. 끝도 없이 밀려드는 과중한 업무와 각종 보고자료, 해야 될 일이 수없이 많은데, 분명히 자기 일 같지 않고 상대방 또는 다른 팀이 해야 될 것 같은 일이 나에게 주어지다 보면 분명 따지고 다툴 수도 있을 것이다.

하지만 이렇게도 생각해 보자. 히말라야 고산봉을 등산하는 산악인들은 죽음을 각오하고 정상에 올라갔다 오겠다는 단 한가지의 목적을 위해 그 고생을 사서 하고 있다. 일이란 해보고 안 해보고의 차이가 엄청나다.

독자들은 주위 지인들 중에 직장을 퇴사하고 창업하신 분들을 종종 볼 수 있을 것이다. 다행히 사업이 번창해서 성공의 길을 가는 분을 볼 수도 있고, 불행하게도 얼마 가지 못해서 부도를 겪는 경우도 볼 수 있는데, 곰곰이 생각해 보면 그분들의 실패는 실무경험이 부족한 것이 가장 큰 원인인 경우가 많다. 피부에 와닿는 경험이 없이는 산 지식이 아니다. 내 일이 아니라고 여겨지더라도 업무의 기회가 주어졌을 때는 과감하게 수용하고 경험해 보는 자세가 필요하다.

부정적 사고방식 고치기

가장 곤란한 것은 모든 사람이
생각하지 않고 나오는 대로 말하는 것이다.

알랭

직장생활에서도 그렇지만, 가정이나 사회에서의 인생살이에서도 마찬가지다. 어떤 일에 부딪힐 때는 먼저 된다고 생각하고, 그리고 나서 하나씩 풀어나가자. 된다고 했을 때 아이디어가 나올 수 있고, 새로운 시도도 할 수가 있다. 안된다고 생각하면 자꾸 뒤로 물러서게 되고 움츠려 든다. 부정적인 사고의 얼굴에는 복이 들어올 것도 달아나고 만다.

부정적인 사고, 부정적인 표현, 부정적인 말은 우리가 사용하지 않아야 하고 버려야 할 것들이다.

① 회의록 사건

예전 직장에 있었을 때의 일이다. 당시 필자는 상품기획 업무를 맡고 있었기 때문에 관련부서 회의를 자주 주관했었다. 참석자는 대부분이 부장급이었고, 회의를 주관한 나는 과장이었기 때문에 회의를 할 때마다 말이 많았고, 협조를 이끌어내기도 힘들었다. 그래서 어느 날은 한 가지 방안을 시도했다.

부하 직원을 데리고 참석해서 참석자가 발언한 내용을 그대로 회의록에 표기하고 그 옆에다가는 발언자를 쓰라고 했다.

"필요도 없는 회의를 자주 할 필요가 있는가?"(○○○ 부장)

"되지도 않은 일을 하고 있다."(○○○ 부장)

하여튼 참석자 모두가 한 발언을 그대로 표기해서 공장장 결재를 받고 전 부서에 배포했다.

그랬더니 난리가 났다. "무슨 회의록을 이렇게 썼느냐?" "이럴 수가 있는가?" 등 항의가 빗발쳤다. 그래서 물어봤다. "혹시 발언하지 않은 내용을 써놓은 게 있습니까?"라고. 그랬더니 다들 "그런 건 없다"고 한다. "그러면 더 이상 얘기하지 말자"고 했다.

그 회의록 사건이 있은 이후로는 회의에 임하는 태도가 완전히 달라졌다. 누가 시키지도 않았는데, 모두가 한결같이 긍정적이고 협조적으로 의견을 내놓기 시작한 것이다.

② '나 아니면 회사 망한다'는 직원

몇년 전의 일이다. 중간관리자급의 직원이 하는 일마다 말이 많았다. 나도 가정에 가면 자식이 있고 그만한 조카들도 여럿 있고 해서 어떻게 해서라도 훌륭한 직원으로 만들어보려고 많은 시도를 했다. 개별 면담도 하고, 밖에 나가서 소주도 한 잔 하면서 얘기도 해주고 문제가 있다고 확인한 이후로 1년간 교육을 시켰지만 '이건 아니다'라는 판단을 할 수 밖에 없었다.

우리 회사는 주부사원이 100여명 있는데, 근무시간 중에 주부사원들만 찾아다니면서 "우리 회사는 문제가 많고, 자기가 하고 있는 일이 32 가지나 돼서 자기가 아니면 회사가 망할 수밖에 없다"는 등 주부사원들이 근무에 지장을 줄 정도로 말이 많다고 나에게 조치를 취해달라는 건의 전화가 자주 왔다.

하루는 해당 부서장에게 인수인계 필요 없이 다음날 아침부터 영업부로 출근시키라고 지시하고, 총무과를 통해서 인사발령을 냈다. 결국은 그 다음날 영업부로 출근해서 2시간만에 사표를 제출했는데, 회사가 망하기는 커녕 근무 분위기가 오히려 좋아졌다.

좋은 교육에도 한계가 있다. 도저히 구제 불능이라고 판단이 되면 공개적인 인사 조치를 취해서 많은 직원들에게 타산지석(他山之石)이 될 수 있도록 해야 한다.

마음에서 행동이 우러나오도록 하자

백 권의 책에 쓰인 말보다,
한 가지 성실한 마음이
더 크게 사람을 움직인다.

프랭클린

회사는 전 직원에 대해서 해야 할 업무와 목표를 제시한다. 모든 직원은 주어진 업무와 목표에 대해서 해도 되고 안 해도 되는 것이 아니라, 책임을 지고 해내야 할 일들인 것이다. 일련의 이런 과정 때문에 직원들은 스트레스를 받기도 하고 힘든 과정을 겪기도 한다.

그런데 이런 일들을 자발적으로 해나간다면 서로가 얼마나 행복할까. 사용자측에서도 더없이 좋을 것이고, 근로자 입장에서도 그렇게 마음이 편할 수가 없을 것이다.

그러면 자발적으로 일하는 환경을 어떻게 하면 만들 수 있을까? 그것은 서로가 배려와 관심을 베푸는 것이라 생각한다. 사장이 직원 한 사람, 한 사람에게 인간적인 마음으로 대해주고 사소한 것이지만 조금만 더 챙겨주고 관심을 가져준다면 직원들은 회사를 위해서 진정으로 마음에서 우러나오는 행동을 할 것이다.

① 적게 말하고 경청하기

직장은 물론 사회생활에서 말을 적게 하고 남의 말을 잘 듣는 태도는 굉장히 중요하다. 사람들은 본질적으로 말을 많이 하고 싶어하는지도 모른다. 그러나 말을 많이 함으로써 얻는 것보다는 잃는 것이 훨씬 많으니, 조심해야 할 일이다.

부하직원이 상사에게 업무보고를 하고 있을 때 간부들이 습관처럼 중간에서 말을 자르는 경우가 있다. 보고 내용이 잘못 되었을 경우도 있고, 보고 내용이 그렇게 중요하지 않아서 그랬을지는 모르겠지만 보고하는 입장에서는 굉장히 섭섭할 수가 있다. 회사 업무로 보고를 하다가 개인 감정으로 섭섭해진다면 회사 팀웍을 살리는 데도 도움이 되지 않는다.

부하직원의 말을 진지하게 들어주는 것만으로도 그들의 스트레스를 해소시켜 줄 수 있다. 자연스럽게 의욕이 살아난다면 적극적으로 일을 할 수도 있는 것이다. 직원과의 대화에서는 가급적 경영진에서는 말을 적게 하고 직원들의 말을 건성건성 듣지 말고 진지하게 경청하도록 하자.

② 직원을 잘 알고 이해하자

경영진은 회사의 직원 개개인에 대해서 얼마나 자세히 알고 있는가. 직원들을 자세히 알아야 적재적소에 배치해 업무를 진행할 수 있고, 그렇게 함으로써 회사 전체의 효율도 높일 수 있다.

이 세상에 개인 사정이 없는 사람은 단 한 사람도 없다. 다소 정도의 차이는 있을지라도 다 그만그만한 한두 가지의 문제들은 가지고 있을 것이다. 직원들의 개인 사정을 경영진에서 파악해서 관심을 가져주고 격려를 해준다면 얼마나 고맙겠는가.

어느날 주부사원이 찾아와서 퇴직 인사를 하겠다고 했다. 검사 실적이 다른 사원에 비해서 절반 밖에 되지 않아 1시간 먼저 출근해서 노력을 하는데도 실적이 좋지 않으니, 주위 직원들에게 피해만 주는 것 같다면서 아쉽지만 퇴사하는 것이 도리인 것 같다고 한다.

이 세상에 능력 좋은 사람만 일할 수 있고, 어떤 결함이 있어서 다소 성적이 부족한 사람은 일자리도 없다고 하면 사회가 어떻게 유지될 수 있겠는가. 생산부장을 호출해서 업무를 바꾸어서 일을 해보자고 지시했더니 문제가 해결되어, 그 주부사원은 요즘도 밝은 모습으로 열심히 근무하고 있다.

습관이 되도록 교육시킨다

가장 유능한 사람은
계속해서 배우는 사람이다.

괴테

국어사전에 보면 본디 가지고 있던 생각을 다른 생각으로 개조하거
나, 새로운 사상이나 주의를 주입시키는 일을 '세뇌(洗腦)'라고 한다.
세뇌는 상대방이 싫어하지만 학습에 의해서 그 이론을 습득하게 하는
것인데, 과거에 주로 공산당이 사용했었다.

직장생활을 하다 보면 직원들이 지켜야할 규칙이나, 알아야할 정보
가 많이 있다. 예를 들면 다음과 같은 사항들이 있다.

- 지각을 하지 말자
- 고객에게 인사를 잘하자
- 정리정돈을 잘하자

- 청결을 유지하자
- 작업규칙을 준수하자
- 매주 1건씩 개선 · 제안을 제출하자

이와 같은 기본적이면서도 중요한 규칙들은 마치 세뇌하듯이, 습관이 되어 몸에 배이도록 철저히 교육시켜야 한다. 꼭 필요하고 지켜야 될 사항이 몇 번 교육을 하면 그때는 반짝 효과가 있지만, 거론을 하지 않으면 흐지부지 되는 경우가 적지 않다. 이런 경우를 방지하기 위해서 세뇌하듯이 교육을 해야 한다는 말이다. 세뇌라는 부정적인 말도 회사의 발전이나 직원들의 좋은 습관 형성을 위해서는 긍정적으로 사용될 수도 있을 것이다.

예의를 지킨다

무례함은 강한 체 하는
약한 자의 모습이다.

에릭 호퍼

사람과 사람의 관계에서는 예의가 절대적으로 필요하다. 그런데 직급으로 나누어진 조직사회에서는 예의라는 부분이 간혹 무시되는 경우가 있다. 윗사람들은 아랫사람에 대해서 말이나 행동을 함부로 한다던지, 인사권이나 근무 평가권을 가지고 상대방을 무시하는 경우도 있다. 업무는 공적으로 평가를 해야지, 예의까지 무시하고 상대방을 대해서는 안된다. 더군다나 많은 사람이 모여 있는 곳이라면 예의에 대해서 좀 더 깊이 생각을 해봐야겠다.

상사가 존경받을 수 있는 조직에서 부하직원들도 모범적인 직장생활을 본받을 수 있다. 옛말에 윗물이 맑아야 아랫물이 맑다고 하지 않았던가.

직원 상호간에 나타나는 언행도 중요하지만, 몸단장에도 신경을 써야 한다. 옷을 단정하게 차려입고, 머리 손질도 단정하게 하고, 신발도 깔끔하게 하는 것이 좋다. 사무실, 책상 정리정돈도 하나의 예절이라고 볼 수 있다.

직장상사가 이와 같이 사무실에서 모범을 보이면 부하 직원들도 자연스럽게 따라 할 것이다. 이렇게 될 때 밖으로 회사 이미지 전체가 예의바르고 단정하게 비춰질 수 있음은 물론이다.

제4장

신규거래선 개척 및 관리

물고기를 주면, 한 끼를 먹을 것이다.
물고기 잡는 법을 가르쳐 주면,
평생을 먹을 것이다.

_탈무드

기업은 시장이라는 곳이 있어야만 존재가 가능하다.
기업은 이윤을 추구해야 하는데, 이윤을 추구하는 곳이 곧 시장이기 때문이다.
그러면 시장은 어떻게 개척하고 또 개척하고 나면 그 시장을 어떻게 유지관리 해야 할까.
경영자와 기업의 간부들은 그 중요성을 확실하게 인지하고 구체적인 해답까지
알고 있어야 한다. 기업의 성패는 이 질문과 답에 달려있다고 해도 과언이 아니기 때문이다.
기업과 시장은 결코 분리되어 존재할 수 없기에
동반자적 위치에 있어야 하는 것이 바람직할 것이다.

신규 거래선 개척과 첫 미팅

    어느 회사나 영업팀원들의 업무 중에 가장 어렵고 힘든 일중의 하나가 신규거래선 개척일 것이다. 거래선 확보야말로 매출신장의 기본이고, 매출신장이 기업의 성장과 일치하기 때문이다.

    요즈음 세상에는 미지의 시장은 없다고 봐야 한다. 이미 누군가의 손에 의해서 다 개척이 이루어진 것이다. 그렇기 때문에 영업하기 힘들고 신규 거래선이 개척되지 않는다면, 영업인으로서 자격이 없고, 그런 사람들은 영업 일선을 떠나는 것이 여러 사람들을 위한 선택일 것이다. 하지만, 거래선 개척은 어려운 만큼이나 치밀하게 계획을 잡고 전략적으로 도전한다면 못할 일도 없다.

① 만나는 사람에 대한 사전 준비

신규 거래선 개척에 있어서 맨 먼저 이루어지는 것이 목표로 하는 거래선 담당직원과의 만남이다. 그러나 만남 그 자체 마저도 성사가 어렵다는 사실을 유념해야 한다. 우선은 전화로 예의를 갖추어서 담당자와 통화한다. 귀사에서 사용하고 있는 어느 제품의 전문제조업체인데, 만나 뵙고 회사를 잠깐 소개하고 싶다고 건의한다.

이렇게 해서 미팅 스케줄이 잡히면 반드시 사전에 만나는 사람에 대해서 그 사람과 관련된 자료를 준비하고 있어야 한다. 그 사람의 프로필은 어떤지, 상대가 몸담고 있는 업종에 대한 시황은 어떤지, 상대가 관심 있어 하는 분야는 무엇인지 등 비교적 꼼꼼하게 준비해 놓으면, 대화를 나누면서 말이 막히거나 분위기가 서먹해지면 그때그때 상황을 봐가면서 알고 있는 내용을 하나씩 꺼내면서 새로운 대화를 이어갈 수 있다.

사전에 미팅 준비가 충실하고 최선을 다해서 만난다면 상대방의 뇌리 속에 좋은 이미지가 남아 있을 것이다. 그렇지 않고 준비가 소홀했다면 부정적인 요소가 남아있을 것이다. 맨 처음 만남에서 좋은 이미지를 각인시켜놓고 다음 미팅을 이어나가도록 한다.

성공하는 비즈니스 대화법

사교의 명수는 모욕을 유머로
부정을 긍정으로 바꾼다.

그라시안

무릇 사람이 모이는 곳이라면, 어떻게 말하느냐에 따라 더욱 친밀한 관계가 되기도 하고 싸움이 나기도 한다. 비즈니스에서도 마찬가지다. 어떻게 말하느냐에 따라 협상이 잘 되기도 하고 결렬되기도 한다. 협상을 내가 주도적으로 끌고 가느냐, 상대에게 이끌려 가느냐 하는 것도 대화하는 방식에 달렸다.

이렇게 중요한 비즈니스 대화, 어떤 방식으로 진행하는 것이 좋을까?

① 목적을 분명히 미리 준비한다

비즈니스 문제로 미팅 약속을 잡았을 때에는 특히 그래야 한다. 탁월한 협상가는 샅바 싸움에 능하다. 교과서적인 원칙도 중요하지만, 비즈니스란 모래판에서는 어디를 잡아야 상대가 나한테 끌려오고 내 편이 될 것인지 순식간에 알아내는 통찰력이 필요하다. 이러한 감각을 기르는 것은 실전 경험을 많이 쌓는 수밖에 없다. 하지만 그 실전 경험을 가능케 하는 것은 그에 맞는 준비란 사실을 잊지 말자.

② 상대의 말에 귀 기울이자

상대의 잠꼬대까지도 귀담아듣겠다는 자세를 갖춰야 한다. 불필요한 행동으로 상대를 실망시켜서는 안된다. 두 귀를 활짝 열고 상대의 말을 경청하는 것은 상대로부터 신뢰와 존경심을 얻는 길이다. 때맞춰 질문을 하거나 적절하게 맞장구 치며 열의 있게 듣는 사람은 상대와 충분한 교감을 나눌 수 있다. 남의 말을 경청하는 인내의 자세는 상대에 대한 중요한 정보를 습득할 수 있도록 보상해준다.

③ 화제에 따라 순발력 있게 대화 방향을 바꾸자

대략적인 대화의 가닥을 준비하더라도, 상대의 말을 듣다 보면 내가 어떤 말을 해야 할지 방향이 달라진다. 대화의 분위기에 맞게 그때

그때 수정할 필요가 있다. 상대의 생각과 느낌, 상대에게 필요한 말, 상대의 소망, 상대가 목표를 달성하는데 방해가 되는 여러 문제점에 주목하며, 즉각 반응할 수 있도록 준비를 갖춰야 한다.

④ 간결하게 중요한 메시지만 전달

정리가 안되고 너저분하게 이야기하면 대화의 초점이 흐려지고 좋지 않은 인상을 줄 수 있다. 일단 대화를 시작하면 즐겁게 분위기를 이끄는 것이 좋다. 같은 말이라도 밝은 얼굴로 유머러스하게 한다면 좋은 분위기로 상대방의 관심을 끌 수 있다. 상대와의 대화를 즐겁게 받아들이고, 전달하려는 메시지를 짧지만 깊이 있게 전달하며, 촌철살인(寸鐵殺人)의 표현으로 평이한 대화를 유쾌하게 이끄는 자신만의 대화 기술을 개발해보자.

⑤ 대화에 필요한 해박한 지식

해박한 지식으로 깊이 있는 대화를 이끌어내는 사람과 대화하는 일은 즐겁다. 게다가 상대가 어떤 주제로 이야기를 하던 간에 보조를 맞추는 사람이라면 존경하는 마음까지 든다. 이러한 능력은 어디서 비롯되는 것일까? 바로 독서다.

독서를 많이 하면 할수록 화제는 무궁무진해지며, 언어 구사력이 향상돼 원하는 바를 효과적으로 잘 전달할 수가 있다. 상대가 어떤 이야기를 해도 그에 맞춰 대화할 수 있다. 따라서 평소에 독서하는 습관은 매우 중요하다.

그러면 독서를 어떻게 하는 것이 좋을까? 독서만큼 다다익선(多多益善)인 것은 없다. 하지만 시간에 쫓기는 바쁜 현대인에게는 독서하는 시간을 내는 시간마저도 여의치 않다. 필자 역시 마찬가지다. 그래서 필자는 다음과 같은 방법으로 독서를 한다.

- **단행본** : 언론의 신간안내를 주로 활용한다. 또한 유명인사의 추천도서나 지인들이 소개해준 책을 주로 읽는다. 매달 두세 권 정도 읽고 있는데, 대개 언론의 신간안내나 지인들 추천도서가 겹치는 경우가 많다. 이는 그만큼 사람들의 관심사가 쏠리고 있다는 뜻도 된다.
- **신문** : 중앙 일간지, 경제지 등을 구독한다. 겹치는 기사들은 세간에 꽤나 이슈가 되는 사항이니, 읽다 보면 자연스레 머릿속에 입력이 된다. 그밖에 흥미로운 기사도 살펴보고, 필요한 정보는 표시해두고 필요할 때 다시 본다.
- **잡지** : 업계 근황을 소개하는 잡지나, 시사나 트렌드를 읽을 수 있는 잡지를 본다. 잡지는 특정 주제에 대해 심층적으로 다루기 때문에 특히 깊이 있는 대화를 이끌어 나갈 때 유용하다. 우리 이웃들의 소소한 이야기를 담은 잡지나 종교 잡지를 통해서 이

야깃거리와 웃음을 얻고, 좋은 글귀들을 보면서 마음의 위안과 긍정적 사고를 얻기도 한다.

- **인터넷** : 단행본이나 기사를 읽다가 그때그때 필요한 부분을 검색해서 이해하고, 정기적인 이메일 소식지를 통해 업계 동향을 파악하고 관련단체에 대한 소식을 실시간으로 얻는다.

다독이 어렵다면, 최소한의 정보는 잊지 않고 챙겨야 한다. 독서는 현대 사회를 살아가는데 없어서는 안될 정보 획득의 수단으로서 실용적인 가치를 지닐뿐 아니라, 인간 존재와 본질, 생활양식과 문화, 사물과 우주의 질서에 관한 폭넓은 지식을 제공하며, 경험과 사색의 폭을 넓힌다.

어느 개인이 알고 있는 지식 대부분은 의식적 혹은 무의식적인 독서의 결과이지 선천적으로 획득된 것은 아니다. 따라서 풍부한 독서를 통해 교양을 쌓은 사람은 자신의 가치를 드높이고 격조 높은 대화를 이끌어낸다. 그러니 시간 없다는 핑계로 책을 멀리하지 말고, 시간이 날 때 기사 단 몇 줄, 잡지 몇 줄이라도 읽도록 하자. 그러한 것들이 쌓여 후에 대화할 때 유용한 소재가 될 수 있으며, 대화를 유쾌하게 이끌어나갈 수 있는 단초가 된다.

거래선 관리

행운은 마음의 준비가 되어있는
사람에게만 미소를 짓는다.

파스퇴르

거래선이 개척이 되고 VENDOR 등록이 되어서 납품이 시작되었다고 해서 모든 게 끝났다고 생각하면 큰 오산이다. 거래선도 인간관계와 같아서 안 보면 멀어지고, 멀어지면 잊혀진다.

힘들게 고생해서 거래가 이루어졌는데, 관리를 잘못해서 잊혀지게 된다면, 얼마나 바보 같은 일인가, 따라서 일정한 자기만의 시스템을 만들어서 늘 거래처 관계자들과 가까이 할 수 있도록 하여야 한다.

① 업무일지 작성

여러 거래선을 관리해 나가다보면 업무일지를 작성하는 것이 필수

사항이다. 매일 다양한 일들이 진행되고 있는데, 사실 그러한 내용을 모두 외우고 처리해 나간다는 것은 불가능한 일이기 때문이다. 회사 일이라는 것이 언제나 상대 회사와 연관이 되어 있어서 우리 회사만 잘하면 회사 일이 끝나는 것이 아니다. 수십 개 또는 수백 개의 고객 사에서 발생되고 일어나는 일들이 하나하나 정리가 되지 않으면 일이 제대로 진행되지 않는 것이다. 그 내용이 중요한 일일 수도 있고, 비교적 가벼운 일일 수도 있겠지만, 내용의 경중에 따라서 일을 해도 되고, 안 해도 되는 것이 아니라, 우선은 모든 업무가 정리가 되어야 한다.

그렇기 때문에 매일 업무일지 작성을 통해서 미리 준비를 한다던지, 또는 지나간 날짜들의 아직 마무리가 되지 않은 사항에 대해서는 가급적 빠른 시간 내에 완결을 지을 수 있는 조치를 취해야 한다. 내가 완결을 짓지 않으면 상대방 회사의 직원들도 일의 마무리를 지을 수가 없다. 이런 식으로 협력업체간에 협조가 되지 않으면 고객사의 프로젝트나, 신규개발에서 탈락되거나 일이 감소될 수밖에 없다.

② 거래선과 눈높이 맞추기

기업에서는 거래관계에 있는 회사들을 협력업체라고 부른다. 협력 업체라 함은 어느 기업이 경영을 해 나가는데 있어서 그 회사와 협력 관계를 맺어서 일을 원만히 진행해 나가기 위한 업체를 말한다. 그런데 대기업과 협력업체인 중소기업 입장에서 보면 대기업의 일을 따라가기가 솔직히 어렵고 부담스럽다. 또 대기업의 협력업체인 중소기업에도 납품업체인 협력업체 구조가 있기 마련이다.

협력회사 교육 장면

조직의 규모로 보면 대기업 > 중소기업 > 중소기업(납품업체)으로 나누어질 수 있는 이 관계에서 일이 원만하고 실수 없이 진행되려면 서로가 끊임없는 노력으로 업무를 공유하면서 눈높이를 맞추어야 한다. 이 눈높이를 맞추지 못하면 대기업에서 자전거라고 말한 단어가 중소기업의 납품업체에서는 비행기로 잘못 전달되게 된다.

60평대의 아파트에 사는 사람과 15평 아파트에 사는 사람은 빈부의 차이가 있을런지 모르나, 의식주를 해결해 나가는데 있어서는 똑같은 구조이다. 대기업은 대기업대로 작은 기업은 작은 기업대로 거기에 맞는 시스템을 개발하고 창의성을 발휘해서 상대방이 추구하고 하고자 하는 뜻을 이해해야 된다는 의미이다.

경쟁력 확보

고객사 입장에서 보면 납품업체는 넘쳐나고 있고, 언제나 새로운 업체가 탄생되고 있다. 그렇기 때문에 어느 회사에 Vendor로 등록이 되었다고 해서 안심할 수도 없고, 언제든지 경쟁력이 떨어지면 탈락될 처지에 놓이게 된다.

반대로 지금은 Vendor 등록이 되어있지 않지만, 경쟁력만 갖추게 되면 언제든지 Vendor로 등록 될 기회를 가질 수도 있다. 경쟁력의 기본은 Q.C.D(품질, 단가, 납기)이다. 로마가 하루아침에 이루어지지 않았던 것처럼 이 경쟁력 역시 하루아침에 이루어질 수는 없다.

우선은 경영자가 경영철학이 있어야 한다. 스스로 단순 제조나 하는 납품업체로 만족하고 있다면 성공한 기업을 만들 수가 없다. 경영자의 경영철학을 통해서 전 직원이 우리는 무엇을 하고 있고, 무엇을 해야 하는지를 사명감처럼 생각해 봐야 한다. 그래서 중요한 것은 전 직원의 투철한 사명감이고, 애사심이다. 이것을 이끌어내야 경쟁력을 확보할 수 있다.

① 아이디어 제시

모든 것이 디지털화 되면서 인터넷을 통해 정보가 빠르게 공유되고 있다. 그래서인지 세상에는 비슷한 상품이 넘쳐나고 있다. 이러한 시장에서 살아남고 선두 기업으로 발돋움하기 위해서는 무엇보다 제품의 독창성이 있어야 한다. 그러기 위해서는 시장에서 동종업체들의 현황부터 파악하고 있어야 한다.

우리 상품과 상대방의 상품은 어떤 차이가 있는지, 우리 상품은 어떤 경쟁력이 있는지 하는 면밀한 분석이 있어야겠다. 손자병법에 "전쟁터에서 적을 알고 나를 알면 백전백승 한다[知彼知己 百戰百勝]"고 하지 않았는가. 방심하다가 기회를 놓칠 수가 있으니 주기적으로 동종업체 시장 보고서를 작성할 필요가 있다.

치열한 시장에서 살아남아 두각을 나타내기 위해서는 우리 회사만의 독특한 아이디어로 경쟁력을 제안해야 한다. GLOBAL 무한경쟁의 시대에 어느 기업이라도 경쟁력 있고, 독창성 있는 아이디어를 제시한다면 그 제안을 거절할 이유가 없다.

물론, 그 아이디어 역시 자연 발생적으로 생기지는 않는다. 끊임없는 노력과 실험으로 탄생할 수 있는 것이다. 이러한 역할 또한 기업의 문화로 정착되어야 한다. 어느 순간 반짝 아이디어로 큰 성장을 이루었다고 해도 후속 아이디어가 뒤따르지 않으면 거품처럼 사라진다.

일상 속에서 이루어진 노력으로 창의적인 아이디어가 계속 된다면, 시장에서 선두기업으로 자리잡을 가능성이 높아진다.

② 신뢰도 경쟁력이다

경쟁력의 기본은 Q. C. D(품질, 단가, 납기)라고 했다. 물론 맞는 말이다. 그런데 여기에 한 가지를 추가한다면 그것은 신뢰다. 인간관계에서도 그렇겠지만, 기업간에도 신뢰는 굉장히 중요하다. 신뢰라는 것은 어떤 큰 과제나 뚜렷한 업무 속에서만 생기는 것이 아니고, 일상 속에서 만들어진다.

작은 약속 하나라도, 또는 스케줄을 맞춰 업무를 추진한다던지, 무슨 일이 되었던 그것은 사람과 사람을 통해서 이루어지기 때문에 여기에서 신뢰가 쌓이면 회사의 큰 자산이 될 수 있다. 사람 사이에 신뢰가 쌓인다고 해서 사장이나 고급 관리자들만 일컫는 것은 아니다. 우리 회사를 대표해서 고객이나 거래처 사람들을 만나 일을 처리하는 모든 직원이 해당된다.

신뢰가 쌓이다 보면 전혀 생각지 않은 이득을 볼 수도 있다. 신규 아이템이 추가된다던지 또 다른 기업을 소개시켜준다던지 해서 회사가 성장의 길로 들어설 수가 있다. 반대로 신뢰를 잃으면 기존 업체에서 진행하고 있는 아이템이 줄어들 수도 있고, 그것이 심하면 그곳에서 퇴출을 당하기도 한다. 사소하다고 생각할 수 있는 부분에서 신뢰 쌓기에 부족함이 없어야 하겠다. 이를 위해서는 모두가 스스로 남에게 신뢰감을 줄 수 있는 인격과 역량을 갖추는 직장인이 되도록 노력해야 할 것이다.

고객의 마음을 내 마음처럼 만들어야

참으로 어려운 얘기다. 고객의 마음을 내 마음처럼 만들어야 한다는 것이 과연 가능할 수 있다는 말인가. "돈이면 안되는 것이 없다"는 얘기가 있기는 하지만, 돈으로도 어찌할 수 없는 것이 바로 사람의 마음이다. 이것은 꺼내놓고 볼 수도 없고, 더군다나 어떻게 가공할 수도 없어서 더더욱 상대방의 마음을 내 마음대로 만들기에는 어려움이 많다.

그러면 고객의 마음을 얻기 위해서는 어떤 노력을 하면 되겠는가? 쉽게 얘기해서 내가 상대방의 마음을 따라가는 것이다. 나의 생각, 감정을 자제하고 고객의 입장을 살려내는 것이다. 이런 식으로 노력하지 않고 식사 몇 번 같이 했다거나, 골프 몇 번 쳤다고 내 사람으로 생각한다면 굉장히 이기주의적인 발상이고, 궁극적으로는 그 사람의 마음도 얻지 못한다.

고객의 마음을 얻기 위해서는 거꾸로 내가 먼저 상대방의 마음이 되어주는 노력이 있어야 한다. 내가 진심으로 그의 인격을 아끼고 사랑하지 않으면서 상대방이 나에 대해서 내 마음처럼 되어달라는 것은 욕심에 불가하다. 내가 먼저 상대방의 마음에 들어야 한다. 이를 위해서는 평소에 보다 구체적이고 효과적인 다음 방법들을 실행해 볼 필요가 있다.

① 약속은 반드시 지킨다

우리는 인생을 살면서 약속이라는 것을 한다. 예를 들어 출·퇴근 시간도 일종의 약속이다. 즉 약속이란 '정하다'란 의미가 내포되어 있다. 따라서 약속을 정한 사람들은 그 내용을 지키고 실행해야 한다. 상대는 그 약속을 지키기 위해 한껏 노력을 기울이고 준비했던데, 이쪽에서 별 말 없이 취소하거나 이행할 수 없다고 말하면 어떻게 될까? '믿을 수 없는 사람'으로 낙인 찍히는 것은 물론이거니와 이러한 일이 반복되면 그동안 유지해왔던 관계마저 무너질 수 있다. 특히 비즈니스 관계에 있어서 한번 약속한 사항은 반드시 지켜야 한다. 부득이 약속 이행이 어려울 때에는 사전에 연락을 취해 솔직한 사정을 말하고 양해를 얻어야 한다.

인간 사회에서 신용과 신뢰는 매우 중요한 요소다. 약속을 잘 지키지 않으면 신용과 신뢰가 무너져 대화 조차 어렵게 된다. 눈앞의 달콤한 잇속을 챙기기 위해 약속을 어기는 어리석은 짓을 해서는 안된다.

필자의 고등학교 동창인 모 그룹 동경연구소 소장은 가끔 업무차 한국에 오는데, 언제 한번 그가 한국에 들어오면 꼭 같이 술 한잔하자고 약속을 했다. 어느날 밤, 10시경에 그 친구가 한국에 들어왔다며 만나자고 전화가 왔다. 그런데 그날, 나는 지독한 몸살감기가 걸려 누워 있던 터라 집에서 쉬고 싶은 마음이 굴뚝 같았다. 하지만 전부터 한국에 오면 한 잔 하자고 약속한 터였다. 나는 의왕에 있는 자택에서 그가 묵고 있는 강남의 호텔까지 한달음에 달려갔다.

시각은 밤11시. 고등학교 친구인 우리는 이미 늦은 시간도 아랑곳하지 않고 소주 잔을 기울이면서 이야기꽃을 피웠고, 그렇게 시작된 술자리는 다음날 새벽2시가 되어서야 마무리되었다. 다음날 감기가 심해진 나는 출근도 못하고 병원에 가서 치료를 받는 처지가 되었지만, 약속을 지켜서 다행이라고 생각했다.

사실 불가피한 약속도 많고, 약속을 일일이 지키다 보면 손해 나는 일도 있다. 그렇다고 해서 약속을 철석 같이 지키는 내 신조를 후회한 적이 한번도 없다. 약속을 지키는 일은 당연하며, 그래야 하기 때문이다. 약속을 취소하거나 변경하기 위해 이러저러한 변명을 하기 시작하면 어느새 습관이 된다. 그러면 사람들로부터 신뢰를 잃어버리고,

내 평가는 땅에 떨어진다. 결국 더 큰 손해로 내게 돌아온다. 정말로 피치 못할 사정이 아니라면 약속은 꼭 지켜야 한다.

② 고객의 부탁은 가능한 들어주자

비즈니스와의 연관성 여부를 떠나 인간관계가 깊어지면 부탁을 하거나 들어줘야 할 때가 있다. 부탁이란 이루고자 하는 일이 내 힘만으로는 어려울 때 상대에게 도움을 청하는 것으로서, 부탁하는 입장이나 부탁을 받는 입장이나 모두 신중한 태도가 필요하다. 부탁을 받은 당사자가 처리하기 어려운 일도 존재하고, 무리한 부탁은 외려 부담감을 안겨주어 애써 쌓은 신뢰가 무너질 위험도 있다. 그러면 어떻게 하는 것이 좋을까?

먼저 내가 상대에게 무언가 부탁할 일이 생겼을 경우를 가정해 보자. 일단 부탁을 해도 되는 일인지 아닌지 신중하게 생각해야 한다. 부탁하는 일이 상대에게도 해결하기 어려운 일일 수 있다. '되면 좋고, 안되도 그만'이라는 식의 부탁을 할 거라면 애초에 말을 꺼내지 말자. 괜히 상대를 떠보는 것처럼 여겨져 그의 감정이 상할 수 있다.

또한 말을 빙빙 돌리지 말고 본론을 확실하게 말해서 상대가 내 의도를 분명히 알아차리게 해야 한다. 아무래도 누군가에게 무언가를 부탁하기란 어려운 일이다. 그래서 서론을 길게 늘어놓고 본론을 잘

말해놓고도 장황하게 부연 설명을 하는 경우가 많은데, 이러면 역효과가 생길 수 있다. 무엇을 부탁하고 싶은 것인지 상대가 이해하지 못하는 일도 생길 수 있고, 자기 힘으로 안되는 일이라면 길게 이야기를 듣고 있는 상황 자체가 부담이 될 수 있기 때문이다.

게다가 부탁할 때는 사안의 경중을 솔직하게 밝혀야 한다. "이번 일은 사업상 꼭 해결되어야 하니 도움을 주면 그 은혜 꼭 갚겠다" 라거나 "시일이 쫓기는 일은 아니니 무리하게 처리할 필요는 없다" 라는 식으로 설명을 해주면, 부탁받은 입장에서도 그에 맞춰서 일을 진행할 수 있어서 한결 부담이 덜하다. 어쨌든 간에 부탁은 일종의 빚이다. 그렇기에 함부로 해서도 안되고, 너무 자주 해서도 안된다는 점을 명심하자.

그러면 이번에는 내가 부탁을 받는 경우를 가정해 보자.

누군가의 부탁을 받았다면, 상대의 심정을 먼저 헤아리도록 해야한다. '오죽 긴박했으면 내게 다 부탁을 했을까?' 하고 상대의 마음을 이해해야 한다. 남에게 부탁을 한다는 것 자체가 이미 어려움에 직면했거나 누군가의 도움을 받아 해결해야 할 일이 생겼음을 뜻하기 때문이다.

누군가 내게 부탁을 했다는 것은 그만큼 나를 신뢰하고 있다는 증거이다. 따라서 귀찮게 여기기 보다는, 내가 부탁을 들어줄 수 있는 위치에 놓여있음을 고맙게 여겨야 한다.

내가 해결해 줄 수 있는 문제라 여기고 부탁을 받아들였다면, 가능한 성심을 다해 도와주자. 괜히 도와준다고 큰소리 쳐놓고 흐지부지 일 처리를 해버리면 도와주지 않는 것만 못하다. 게다가 어려운 처지에 있는 상대의 마음을 더 헤집어놓아 신뢰가 끊기는 사태가 벌어질 수도 있다.

막상 부탁받은 일을 해결하다 보면 여건상 도와주는 게 도저히 불가능할 때도 있다. 그럴 때는 있는 사실 그대로 이야기해야 한다. 어떤 이유로 도움을 줄 수 없는지 솔직하게 말하자. 그래야 상대도 괜한 추측으로 상처받지 않고 다른 전략을 짤 수 있다. "진작 이야기하지 그랬어", "최선을 다했는데 어렵더라" 라는 말은 쓸모없으니 아예 하지 않는 게 좋다. 차라리 현 상황에 대한 위로를 하고 "도움이 못 돼서 미안하다"라는 말과 함께 격려해주는 편이 훨씬 더 낫다.

거래처 관계자 등 고객을 비롯해 어느 누군가에게 부탁을 하든, 누군가에게 부탁을 받든 서로 도움을 주고받는 관계는 이미 소중한 인간관계임을 방증하는 것이다. 부탁을 하거나 도움을 줄 때는 상대의 입장을 충분히 파악해서 난처하지 않도록, 서로에게 이익이 되도록 최선을 다해야 한다. 그렇게 해야 서로가 부탁을 들어주지 못했을 때에도 감사와 격려의 마음을 나눠 더욱 탄탄한 인간관계로 발전하는 것이다.

③ 경조사 챙기기

협력업체 관계자를 비롯해 다양한 인간관계를 챙기다 보면 크고 작은 경조사 소식을 듣게 된다. 이런 소식을 들었다면 당연히 기쁜 일은 가서 축하해주고 슬픈 일은 위로해줘야 한다. 그것이 우리네 인지상정이다. 불가피한 사정이 있다면 최소한 통화라도 하자.

때로는, 많은 사람과 교류하다 보니 일일이 통보받지 못한 경우도 생기는데, 이럴 때를 대비해 주면 사람들이 알려줄 수 있는 통로를 만들어놓아야 한다. 이 또한 내 인간관계를 나타내주는 하나의 지표다.

경조사는 크게 결혼식, 돌잔치, 회갑잔치, 칠순잔치, 부모님상을 들수 있는데, 이런 중요한 날은 꼭 챙기도록 한다. 특히 부모님 상(喪) 같은 조사(弔事)는 꼭 신경 써야 한다. 사람은 기쁜 날 축하를 받는 것보다 힘들고 슬플 때 위로 받는 것을 더 기억한다. 함께 기뻐해 주는 것보다는 함께 아픔을 나눠주는 일이 더 힘들기 때문이다. 어려울 때 동고동락한 사람을 더 추억하는 것은 이러한 맥락이다. 요즘 같은 때는 명예퇴직도 '조사'에 포함된다고 볼 수 있다. 필자는 이런 경우 가급적 빨리 찾아가서 위로와 격려의 말을 건네고 향후 거취에 대해 같이 의논하는 편이다.

불가피하게 참석하지 못할 때에는 가족이나 절친한 사람을 대신 보내도록 한다. 혹여 제때 소식을 듣지 못해 당시에 찾아가지 못했다면, 나중에라도 알게 되었을 때 통화를 해 인사를 건네고 경조비를 보내는 것이 좋다.

이외에도 상급학교 진학, 중요한 시험, 임신 및 출산, 진급, 창업 등 의미 있는 경사(慶事)들도 많다. 간단한 축하 문자나 이메일이라도 보내는 것이 좋다. 필자는 진급이나 창업소식을 들었을 때는 축전이나 난을 보내 축하의 뜻을 전하곤 하는데, 이런 작을 일도 챙겨주면 받아들이는 입장에서는 더욱 각별한 고마움을 느낀다.

④ 은혜를 저버리면 인생 실패할 수 있다

보통 사람들은 직장생활을 열심히 해서 어느 위치에 올라서고 보면 내가 잘 해서 그렇게 된 것처럼 어느새 딴 사람이 되어 버린다.

그러나 조금만 뒤돌아보면 내가 오늘에 있기까지 직 · 간접적으로 도움을 주신 분들이 많음을 알 수 있다. 상사는 상사대로, 부하는 부하직원대로 음으로, 양으로 앞에서 당겨주고, 뒤에서 밀어주고 해서 자기 자리를 잡아가는 것이다.

그런 관계에 있는 사람들에게 항상 고마운 마음을 가져야 한다. 꼭 물질적으로 대단한 것을 필요로 하지는 않는다. 적당한 시기에 전화한 통이라도, 식사 한 번이라도 잊지 않고 문안인사를 하는 것이 중요하다. 그런 것들이 인간의 도리 아니겠는가, 어려운 철학 얘기가 아니다.

언제 알았냐는듯이 외면해버리면 상대방 처지에 있는 사람들은 배신감을 느끼게 된다. 인생은 돌고 도는 것이다. 내가 어느 순간 양지

(陽地)에 있고, 지금 상황이 조금 낫다고 해서 그것이 평생 가는 것이 아니다. 언제 어려운 국면에 빠질지 모르고 자리가 바뀔지도 모른다.

비단 앞날이 걱정 돼서 주변 사람들에게 잘 하자는 것은 아니다. 누군가에게 은혜를 입었다면, 그리고 좋은 관계를 유지했던 사람들에게 서운한 감정이 들게 해서는 절대 성공할 수 없다는 것을 말하고 싶다.

사소한 일이라도 최선을 다한다

1퍼센트의 가능성,
그것이 나의 길이다.

나폴레옹

직장에서 업무 처리를 해나가다 보면 누구나 알 수 있는 큰일에 대해서는 모두가 관심을 가지고 일을 해나가기 때문에 실수 없이 완성해 나가는 것을 볼 수 있다. 그러나 비교적 눈에 띄지 않은 일에 대해서는 서로가 미루거나 중요도가 낮아서 놓치는 수가 간혹 있다. 어떤 제품을 생산하려고 하는데, 수입 핵심제품의 납기를 맞추지 못해서 양산이 늦어지는 경우가 있을 수도 있다.

예를 들어, 담당자나 회사 간부가 출장을 간 사이 사정을 해서 어렵사리 한 달 만에 양산에 들어갈려다 보니 포장박스가 준비가 안 되었다던지, 1주일이면 입고 될 수 있는 국내 제품이 발주가 되지 않아서 추가로 1주일이 더 지연되는 경우도 발생되는 것이다.

호랑이는 토끼를 잡더라도 최선을 다한다고 한다. 회사 일에 있어서 경중의 크고 작고를 따질 수는 없다. 그만큼 실무자들이 사소한 것에 대해서는 덜 챙기고 소홀히 하기 마련이어서, 간부 사원들은 이런 면을 더욱 세밀히 살펴야 한다.

비즈니스를 떠난 인간관계에서도 마찬가지다. 평소 안부전화나 고마움에 대한 답례전화나 이메일 한 통이 상대방의 마음을 훈훈하게 만든다는 사실을 상기하자. 사소한 것에 대해서 소홀히 하지 말고 꼭 챙기는 정신을 갖는다면 생각 밖의 신뢰와 더불어 실제적인 이익을 보는 경우가 적지 않음을 유념하자.

① 기회가 주어지면 반드시 해낸다

어떤 목표를 미리 정해놓고 끊임없는 노력에 의해서 목표를 달성하는 경우가 있다. 이런 경우는 참으로 다행스럽고 행복한 경우다. 세상사는 최선을 다해도 목표를 이루지 못한 경우가 훨씬 많기 때문이다. 그런데 스스로 목표를 정하지도 않았는데 우연히 기회가 주어지는 경우가 있다. 신제품 개발 참여라든지, 생각지도 않았던 거래선에 vendor 등록 기회가 생기는 경우 등이 그런 예다.

따지고 보면 우리 주위에는 수많은 기회들이 도사리고 있다. 하지만 기회의 문을 두드리려고 했을 때는 전혀 꿈쩍도 하지 않았는데 우연한 기회가 찾아왔을 때는 사원 모두가 합심이 되어 성과를 이루도록 해야 한다. 신규 vendor 등록을 하기 위해서 1년이고 2년을 뛰어다녀본 사람들은 이 말에 대해서 실감을 할 것이다. 모든 목표들이 계획대로만 이루어진다면 부도난 회사들이 있을 수 없을 것이고, 사업 부진은 왜 생기겠는가? 생각대로 잘 되지 않기 때문이다.

언제 어디서든 기회가 왔을 때 완벽하게 해내기 위해서는 사전에 준비가 잘 되어 있어야 한다. 하고자 하는 일에 대한 개발능력 확보, 생산성, 품질능력과 같은 기본적인 사항에 대해서는 꾸준히 관리해 나가야 한다.

② 1%가 만드는 성공과 좌절

일을 하다 보면 공정의 99%가 완성될 시점이 온다. 그래서 모두들 즐거워하고, 환호성을 지른다. 하지만 외부 환경이나 시장상황, 기타 여건에 따라서 나머지 1%의 이유 때문에 일의 완성을 보지 못할 때도 있다. 그래서 필자는 직원들에게 항상 일이 100% 완성될 때까지 자만하지 말고 긴장하라고 말한다. 사실 90%쯤 진행되다 보면 마치 일이 끝난 것처럼 흥분해 하고 느슨해지기가 쉽다. 사업이 100% 성취될 때까지는 항상 미완성이라는 생각을 잊지 말아야 한다.

반대로 사업의 성공 가능성이 1% 밖에 보이지 않을 때도 있다. 1%란 수치는 거의 절망적이다. 하지만 집념을 가지고 주도면밀하게 추진하다 보면 성공할 수 있는 길이 얼마든지 생긴다. 1%의 가능성 때문에 미리 포기하는 우를 범하지 말아야 된다.

다국적 제약회사 한국유나이티드의 CEO이자 경영학 박사인 강덕영 씨는 〈1% 가능성에 도전하라〉는 책에서, "당신 안에 숨어 있는 1%의 가능성에 주목하라"고 강조한다. 무조건 실현 가능성이 없다고 포기하지 말고 1%의 가능성만 있다면 당당히 도전하라고 조언한다. 특히 'Because of(왜냐하면)'의 삶과 'In Spite Of(그럼에도 불구하고)'의 삶 중 어떤 것을 선택하겠느냐고 되물으며, 1% 가능성에 도전하는 열정과 정신력을 일깨우고 있다.

이처럼 사업이든 학문이든 결국, 마지막까지 물고 늘어지는 사람에게 성공은 함께 한다.

제5장

성공하는 직장생활
행동지침

독수리는 마지막 성공을 거둘 때까지
온 생명을 바쳐 노력한다.

_여안교

해마다 많은 기업들이 탄생 되고 있지만, 동시에 많은 기업들이 부도를 맞거나
폐업으로 문을 닫기도 한다. 누구나 창업을 할 때는 모든 힘을 다해서
꼭 성공을 해야겠다는 다짐을 했을텐데, 결과는 너무나도 다양하다.
그런가 하면 직장에서는 10년, 20년씩 열심히 일하던 사람들이 명예퇴직을 당하기도 한다.
기업경영이나 직장생활이라는 것이 그렇게 마음 먹은 데로 쉽지는 않아 보인다.
그러나, 우리 주위에는 실패한 사람들도 보이지만 성공한 기업이나 직장인들도 얼마든지
볼 수 있다. 성공한 기업이나 직장인들에게는 그만한 철학이나 노하우가 있을 것이다.
한 항목씩 되새겨봄으로써 우리 모두가 성공의 길로 나아갈 수 있도록 하자.

오늘의 1등이 내일의 1등은 아니다

올림픽에 출전한 선수가 해당 종목에서 금메달을 땄다면 운동선수로서 성공했다고 볼 수 있다. 국가고시를 준비한 사람이 열심히 공부해서 고시에 합격한 것도 역시 성공이라고 말할 수 있다. 그러면 기업은 어떻게 되어야 성공했다고 볼 수 있을까?

기업에서는 성공이라는 단어를 사용할 수 없다는 것이 나의 생각이다. 기업에는 완성이 없다. 언제나 현재 진행형일 뿐이다. 어느 기업이 오늘 1등을 하고 있다고 해서 내일도 반드시 1등을 하리라는 장담은 할 수 없다. 다만 내일도 1등을 할 수 있는 가능성이 큰 기업일 뿐이다.

2008년 하반기에 불어 닥친 글로벌 금융 위기 속에 수많은 거대 기업들이 속속 무너져 내렸다. 수십 년간 아무리 잘해왔더라도 어느 한 순간에 무너질 수 있는 냉혹한 현실 속에서, 기업이 갖추어야 할 성공의 자세를 생각해 보자.

① 성공의 기쁨은 위기의 시작이다

신설 회사의 입장에서 보면 고객사와 고객이 하늘처럼 보인다. 회사의 생명줄을 그들이 쥐고 있기에 그들의 말 한 마디 한 마디에 따라 최선을 다하게 되어 있다. 그러다가 어느 정도 회사가 커지고 나면 듣는 얘기가 있다. "그 회사 요즘 배불렀네." 하는 말이다. 초창기에는 죽기 살기로 찾아오더니만 조금 살만하니까 만나자고 해도 예전 같지 않게 느긋하다는 것이다. 그 뒤에 따라 나오는 말은 당연히 "아무래도 거래선 바꿔야겠어."가 된다.

살림살이가 조금 나아지니까 사장부터 임원, 부장, 사원에 이르기까지 개구리가 올챙이 시절 생각 못한다고, 신설 회사 시절을 망각하고 거드름이나 피우고 한가하게 일한다면 고객사와 고객은 떠나고 또 다른 신설 회사가 그 자리를 차지하게 된다.

기업에는 영원한 성공이란 있을 수 없다. 단지 규모가 성장한 것뿐이다. 지금 어느 위치에 있든 항상 신설 회사 시절의 초심(初心)으로 일하지 않으면 안된다.

② 도전하려면 용감해야 한다

기업은 항상 살아 움직여야 한다. 변해야 한다는 것이다. 기업이 살아 움직이고 변하려면 항상 새로운 것에 도전해야 하는데, 도전의 결과가 두렵고 겁이 나서 현실에 안주하려는 사람이 많다. 주위 환경과 경영 조건이 하루가 다르게 변해 가는데 현실에 주저앉으려는 사람은 무책임하고 무능한 사람이다.

간부와 리더는 같이 일하는 수많은 부하직원들과 식솔들을 장기적으로 안정된 직장에서 살아갈 수 있도록 하기 위하여 늘 새로운 도전을 계속해야 한다. 간부와 리더는 용감하게 나서서 새로운 경제적 부가가치를 창출하려고 노력해야 하며, 어떤 역경이 닥치더라도 헤쳐나갈 수 있다는 자신감이 있어야 한다.

③ 도전하지 않는 자는 리더의 자격이 없다

가끔 TV 다큐멘터리를 보면 이름 모를 짐승들이나 새들이 자기 새끼들을 먹이기 위해 밖에 나가서 위험을 무릅쓰는 장면이 나오곤 한다. 그럴 때면 나는 회사를 위해, 구성원들을 위해 불철주야(不撤晝夜) 노력하는 기업의 간부들을 떠올리곤 한다.

그런데 간혹 조직의 틀에 얹혀서 무임승차(無賃乘車) 하려는 한심한 간부들도 있다. 부가가치를 창출해 내는 사명을 가지고 조직의 간부를 맡고 있는 사람들이 위험을 무릅쓰고 도전하기는커녕 현실에 안주하면서 시간만 보내겠다는 태도를 보인다면 비도덕적이라고 손가락질을 받아도 할 말이 없다.

　리더십이란 부딪치고 멍이 들고 상처투성이가 되더라도 도전하는 모습을 보여주는 데서 나오는 것이지, 가만히 앉아서 보신(保身)만 하려는 간부에게서 찾아볼 수 있는 것이 아니다.

직장생활에도 전문가가 있다

전문가란 어떤 분야를 연구하거나 그 일에 종사하여 한 분야에 상당한 지식과 경험을 가진 사람이다. 병원에서 전문의가 되려면 의사 국가고시에 합격하여 의사 면허를 취득하고 지정 수련 병원에서 소정의 인턴, 레지던트 과정을 이수하고 시험에 합격해야 한다. 마찬가지로 사회 곳곳에서 전문가로 활동하고 있는 사람들은 그 분야에서 오랜 경험과 지식을 쌓으면서 비로소 정상의 자리에 선 사람들이라고 할 수 있다. 우리가 몸이 아플 때 전문의를 찾듯이, 한 분야에서 좀 더 깊은 내용을 알고자 할 때 전문가를 찾는 것은 그들이 그 분야에 남다른 노하우를 가지고 있기 때문이다.

세상을 살아가면서 남들에게 인정을 받는다는 것은 행복한 일이다.

자기 이름 석자를 내걸고 떳떳하고 자랑스럽게 일을 한다는 것이야말로 얼마나 행복한 일인가. 회사에 근무하고 있는 모든 직원들도 마찬가지다. 해당 분야, 해당 공정에서 전문가가 된다면 안정된 직장을 보장받을 수 있고, 승진이나 급여에서도 혜택을 받을 수 있다.

그렇다면 직장생활에서 전문가가 되려면 어떻게 해야 할까?

직장생활 초창기부터 정성스럽게 자기 분야의 기술을 연마해야만 한다. 때로는 수없이 밤샘을 하면서 실습을 해보거나 이론을 깨우쳐야 하고, 직장 상사나 선배들을 통하여 노하우를 전수받아야 한다. 전문가라는 칭호는 결코 노력 없이는 들을 수 없다. 전 분야, 전 공정에서 일하는 모든 직원이 전문가가 된다면 회사 또한 정상의 자리에 선다는 것은 너무나 당연한 이야기다. 배우고 익혀서 나 자신과 회사의 경쟁력을 키우고 안정된 삶을 보장받도록 하자.

명품은 아무나 만드나

성공의 비밀은
목표의 지속성에 있다.

벤저민 디즈라엘리

사람들은 명품을 가지고 싶어 한다. 돈이 넉넉한 사람이라면 더욱
그럴 것이다.

우리는 왜 명품에 애착을 갖는 것일까?

사전에는 명품을 '뛰어나거나 이름난 물건 또는 그런 작품'이라고
정의하고 있다. 사람이 정성을 다하고 혼을 불어넣어 만들었기 때문
에 누가 보아도 시선이 가고 갖고 싶다는 생각이 절로 들게 된다. 명
품은 수천 번의 낙하 실험을 거치고, 철저한 검사를 통해서 완벽한 품
질을 구현하고, 기업 철학과 이념을 제품과 로고에 반영한다. 그렇기
때문에 경기 변동에도 영향을 받지 않고, 경쟁업체의 가격 인하에도
타격을 입지 않는다.

차라면 벤츠나 BMW, 시계라면 롤렉스, 구두는 페라가모, 가방은 루이뷔통이나 구찌를 생각해보자. 물론 명품은 이런 특정 제품들만 지칭하는 것이 아니다. 호텔, 음식, 교육 및 여기에 표기되지 않은 많은 제품과 서비스들도 명품이라는 호칭을 지니고 있다.

사람들은 흔히 명품이라는 말에서 좋은 품질이나 비싼 가격을 떠올리지만, 명품은 단순히 고급 재료를 사용해 비싸게 만든다고 되는 것이 아니다. 얼마 전 한 드라마에 나온 "이태리 장인이 한 땀, 한 땀 수놓은 추리닝"이라는 우스갯소리야말로 명품의 본질을 잘 꿰뚫은 이야기가 아닐까? 명품의 조건은 바로 장인 정신이라는 이야기이다.

그렇다면 우리 회사는 어떤가. 씨엔플러스의 제품은 위에서 예로 든 것 같은 상품이 아닌 부품인데, 이 부품을 어떻게 명품으로 만들 것인가?

사람들이 사가는 것은 비록 부품이 아닌 상품이지만, 부품을 만드는 우리들은 명품을 만드는 마음가짐으로 우리의 제품을 만들어야 한다.

명품은 특별한 기업만 만드는 것이 아니다. 전 직원이 부품 하나하나를 예술작품이라고 생각하고 작업에 임한다면 명품을 만들 수 있다. 이렇게만 된다면 우리 회사의 '세계 1등 커넥터 기업'이라는 목표를 달성하는 날도 멀지만은 않을 것이다.

그 방법을 구체적으로 살펴보자면 우선, 부품 하나하나에 개개인의 정성과 혼이 들어 있어야 한다. 또 각 공정의 작업자는 장인의 정신을 갖춘 최고의 실력을 갖추어야 하며 사전, 사후에 정기적이고 지속적으로 관리가 되어야 한다. 이렇게만 한다면, 별로 어려운 일이 아니다. 전 사원이 명품을 만든다는 자세로 작업한다면, 그 명품을 만든 자신이야말로 진정한 명인(名人)이 될 것이다.

다른 회사보다 싸게 만들려면

위대한 성과는 함께 이루어지는
작은 일들의 연속으로 이룩된다.

빈센트 반 고흐

    시장에서 경쟁력을 가지려면 품질은 기본이고 가격도 저렴해야 한다. 각종 전자제품들을 보면 대부분 고만고만한 기능과 성능을 가지고 있으니, 품질에 특별한 하자가 없는 한 고객은 당연히 가격이 저렴한 제품으로 몰리게 된다. 그렇다고 제조업체가 손해 보고 물건을 팔수 있는 것은 아니다. 도요타자동차의 저스트 인 타임(just in time) 즉 JIT라는 개념은 '필요한 것을, 필요한 만큼, 필요한 때에' 만든다는 것인데, 추가적으로 현장에서 꼭 기억해야 할 점은 '싸게 만든다'는 것이다.

    현장에 대한 노하우는 회사마다 다를 수 밖에 없다. 규모, 인력, 시설, 물동량 등 상황이 모두 다른데 어떤 방식이 좋다고 하여 일률적으

커넥터 조립공정

로 적용한다는 것은 현실에 맞지 않지만, 모든 제조 현장에서 적용되고 실행되어야 될 분명한 사실은 품질이 좋은 제품을 필요한 수량만큼 싸게 만들 수 있어야 한다는 것이다. 그러려면 끊임없이 개선 작업이 시도되어야 한다.

개선하지 않고 현재보다 나아질 수는 없다. 개선은 필요한 때 한시적으로 하는 것이 아니라

제조를 하는 한 쉼 없이 계속되어야 하며, 회사의 모든 조직, 회사의 모든 분야에서 이루어져야 한다. 다음은 제품을 싸게 만들기 위해 염두에 두어야 할 것들이다.

① 공정 익히기

작업자 한 사람이 어느 특정 공정만 해야 한다고 생각하거나, '나는 이 공정밖에 할 수 없어'라는 생각을 가져서는 안된다. 작업 속도는 숙련이 되면 점차 빨라지는 것이고, 그러다 보면 세 사람이 하던 공정을 두 사람이 하고, 두 사람이 하던 공정을 한 사람이 맡음으로써 인건비가 줄어들게 된다.

제조 비용에서는 인건비가 차지하는 비율이 원가에 절대적인 영향

을 미치므로 생산성을 유지하면서 인건비를 줄이거나 인건비를 유지하면서 생산성을 올리는 등 절대적인 원가 절감을 위해 노력해야 한다.

② 동선의 효율화

작업 현장을 지켜보고 있노라면 이동하는 작업자들을 쉽게 찾아볼 수 있다. 공구를 찾으러 가는 사람, 자재를 가지러 가는 사람 등 각종 이유로 제자리에서 생산을 해야 할 작업자들이 생산을 중단하고 필요한 일을 찾아 이동하고 있다. 이것이야말로 개선 작업이 시급한 일이다.

자재 공급자가 공정별로 자재를 공급해 준다거나 공구 테이블 같은 것을 설치해 바로 옆에서 사용할 수 있게 하면 쓸데없는 이동으로 인한 생산 중단을 방지할 수 있다. 생산 현장에서 작업 때문에 움직여야 하는 사항은 수없이 많기 때문에 끊임없이 찾아 개선해 나가야 한다.

③ 현장에서의 원가 절감

제품을 생산하는 현장에서 보면 제품에 소요되는 비용에 관한 요소들을 한눈에 파악할 수 있다.

- 개발 부문에 문제는 없는지,

- 작업 현실을 무시하고 개발자 임의로 설계를 하여 작업 공정이 이중 삼중으로 늘어나지는 않는지,

- 원자재의 낭비는 없는지,

- 작업 동선이 비효율적이지는 않은지,

- 생산 현장의 설비 가동률은 최상을 유지하고 있는지 등

눈에 보이는 모든 것이 다 원가 절감의 대상이라고 보면 될 것이다. 작업 중에는 항시 적극적인 태도로 원가 절감 요인들을 유심히 살펴보는 습관을 가져야 한다.

성공의 비결은 부모님 마음

안으로 훌륭한 부모가 없고
밖으로 엄한 스승 없이
능히 성취한 사람은 드물다.

명심보감

   '부모 마음'이라는 말을 들으면 가슴이 뭉클하고 코끝이 찡해 오는 것을 느낄 수 있다. 부모 마음을 간결하게 표현하면 조건이나 바람 없이 무한정으로 베풀기만 하는 희생적인 사랑일 것이다.

   부모가 자식에게 쏟는 사랑은 말로 다 표현할 수 없다. 오로지 자식 잘되기만을 바라며 365일 공들이고 기도를 하며, 자신은 아파도 병원 한 번 제대로 다녀오지 않으면서 자식은 혹시 아프지나 않은지, 직장 생활은 잘하고 있는지, 사업은 잘되고 있는지 등등 갖가지 자식 걱정이 밤낮으로 머리 속에서 떠나지 않는다.

   부모 마음에는 '이제 그만큼 했으면 부모 노릇 할 만큼 했다.'라는 한계가 없다. 자식이 어릴 때는 아픈 데 없이 건강하게 자라기를 빌고, 다 크고 나면 한 사람 몫을 하며 먹고 살 수 있기를 빌고, 자식의 머리가 백발이 되어 가는데도 길 건널 때 "차 조심 하라"고 걱정해주는 게 부모 마음이다. 마음에 평생 자식을 품고 살아가는 것이다.

반면에 나그네의 마음은 어떠한가. 남의 집 자식이 어떻게 살아가는지, 남의 집 자식이 어디가 아픈 곳은 없는지, 남의 집 자식의 사업은 잘되는지 자기 자식 일처럼 걱정하고 염려하는 사람은 없다. 안타까운 일이 생기더라도 강 건너 불구경하듯 할 따름이다. 나그네 마음에는 부모 마음 같은 것이 없다는 얘기다.

성공한 다음에는 할 얘기가 많다. 오로지 한 길만 바라보고 최선을 다했다거나, 남들 놀 때 열심히 공부해서 원하는 대학에 합격을 했다는 식이다. 하지만 세상 일이라는 것이 그렇게녹록치가 않다. 원한다고 쉽게 이루어지는 것도 아니며, 최선을 다했다고 반드시 성공하는 것도 아니다. 그러면 과연 성공의 비결은 무엇일까.

내가 가장 중요하게 생각하는 성공의 비결은 일하는 과정 속에 부모님의 마음 같은 간절함이 깃들어야 한다는 것이다. 부모 마음 같은 절실한 마음을 가지고 맡은 바 업무에 최선을 다한다면 하고자 하는 일이 이루어지지 않겠는가.

① 난제를 해결하는 방법

직장에 다니다 보면 다양한 문제들과 부딪치게 된다. 어떤 일은 관리자나 선배들의 가르침이나 지도로 어느 정도 해결해 나갈 수 있지만, 어떤 일들은 도무지 풀리지 않는 경우도 종종 있다.

이럴 때는 부모님의 마음과 같이 절실하게 일을 대하라는 제안을 하고 싶다. 주어진 일이니까 어쩔 수 없이 하는 것이라거나, 자신의 직급이 과장 또는 부장이니 그 정도까지만 하면 된다는 식으로 틀을 정해 놓고 일을 하다 보면 번쩍거리는 아이디어가 생기지 않는다.

'이 일은 내가 하지 않으면 안된다.'

'이 일을 성공시켜 꼭 회사를 살려야 한다'

는 절실한 마음가짐으로 하나하나 일을 처리해 나가야 실마리가 풀리기 시작한다.

모든 일들이 마음먹기에 달려 있다. 나그네 마음으로 일을 대하지 말고, 부모 마음으로 대해야 성공할 수 있다.

② 성공하는 기업과 부도 나는 기업

기업의 목적은 생존이다. 살아남아야 내일을 바라볼 수 있고, 또 다른 목표를 세울 수가 있다. 기업이 생존하기 위해서는 반드시 성장을 해야 하며, 정체되거나 축소되면 결국은 부도를 맞게 된다.

부도가 나는 가장 큰 원인은 단연 영업 부진 때문이다. 영업이 잘되기 위해서는 경쟁력 있는 상품을 출시해야 하고, 큰 거래선이나 유통망을 확보해야 한다.

어느 회사나 크게 신경을 쓰고 독려를 하는 부서가 영업인데, 영업이란 것이 늘 마음먹은 대로 잘 되는 것이 아니다. 영업의 성공 비결도 마찬가지로 '부모 마음'같이 자기 업무를 절실하게 생각하고 일을 대해야 한다는 것이다. 바이어나 고객을 설득하기 위해 항상 고민하고 방법을 찾고, 부모가 자식을 생각하듯 바이어나 고객의 의중을 생각하고 신속하게 대응해 준다면 결국 상대의 마음은 움직이게 되어 있다.

아무리 경기가 어려운 상황에서도 성장하는 기업이 있고, 물건을 사겠다는 고객이 있다. 영업인의 자세를 '부모님 마음'같이 할 수만 있다면 그 회사는 반드시 성장할 것이다.

성공한 직장인에게는 철학이 있다

빛을 퍼뜨릴 수 있는 두 가지 방법이 있다.
촛불이 되거나 또는 그것을 비추는 거울이 되는 것이다.

이디스 워튼

　사람들은 각양각색이다. 대부분 평범하게 살아간다고 생각하겠지만, 그 와중에도 어느 한 분야에서 성공하는 사람이 있고, 하던 일이 잘못되어 실패하는 사람도 있다.

　성공과 실패는 하늘과 땅만큼이나 큰 차이가 있기에 사람들은 모두 성공을 원하지만, 성공이 말처럼 쉽게 이루어지지는 않는다. 피나는 노력과 땀이 있어야 하고, 가정의 헌신적인 뒷바라지가 있어야 하며, 개인적으로 희생해야 할 것들이 생긴다.

　"성공한 사람에게 성공 철학이 있다"는 말은 성공한 사람들에게는 그렇지 않은 사람들에게서는 볼 수 없는 철학이 있다는 것이다. 정치, 경제, 스포츠, 예술 등 어느 한 분야에서 성공을 거둔 사람들을 관찰해 보면 다음과 같은 특징들을 발견할 수 있다.

① 자기가 최고라고 생각한다

물론 자기가 한 분야에서 최고가 아닐 수도 있지만, 어쨌든 자기가 최고라고 생각하면서 항상 자기 최면을 건다. 최고가 되기 위해서 끊임없이 도전하고, 다른 사람이 최고인 것을 (영원하다고) 인정하지 않는다. 그러면서 서서히 자기도 모르는 사이에 최고가 되어 가는 것이다.

분명한 것은 이들에게 최고가 되겠다는 강렬한 목표 의식이 있다는 것이다. 무작정 노력하는 것과 최고라는 목표를 두고 노력하는 것과는 같은 일을 하더라도 방법론에서 차이가 발생하게 된다. 성공하기 위해서는 반드시 자기가 최고라는 인식을 가져야 한다.

② 일단은 된다고 말한다

버릇처럼 안된다고 말하는 사람들이 많다. 자기에게 책임이 돌아오는 것은 일단 피하고 싶기도 하고, 자신이 없으니 서두부터 안된다고 말하는 사람이 있다. 듣는 사람 입장에서 보면 상당히 부정적인 사람으로 보인다.

성공한 사람들은 설령 나중에 문제가 발생하고 이루어지지 않는다고 해도 일단은 된다고 말한다. 아무리 현실적으로 불가능한 일이라도 일단은 된다고 말하는 긍정적인 사고를 지녔다는 뜻이다.

된다고 해야 되는 것이지, 안된다고 하면서 되는 경우는 드물다.

③ 집념이 있다

실패한 사람이나 평범한 사람들이 노력하는 것과, 성공한 사람들이 노력하는 것과는 엄청난 차이가 있다. 작심삼일(作心三日)은 실패한 사람들의 대표적인 구호겠지만, 성공한 사람들은 어떤 일이 완성되기까지 한시도 잊지 않고 노력한다.

이들은 주변 환경이나 여건에 상관하지 않고 목표를 오로지 이루고 말겠다는 각오로 최선을 다해서 노력하는데, 그러다 보면 밤을 지새우기가 부지기수이고 코피까지 쏟을 때도 있다. 성공한 사람들에게는 집념이 있는 것이다.

신기술과 아이디어를 살리자

기업의 신기술은 하루가 다르게 개발되고 있기 때문에 잠깐 방심하거나 한눈팔고 있다가는 선두그룹의 대열에서 이탈하기 십상이다. 기술을 선점하는 기업이야말로 앞서 나갈 수 있고 안정된 경영을 할 수 있기에 신기술을 탄생시킨다는 것은 만만치 않은 작업이다.

신기술을 원한다면 그만큼 관심과 투자가 이루어져야 한다. 가능하면 전담 부서를 두어 신기술과 아이디어만을 창출하도록 하면 좋겠지만, 여력이 되지 않는다면 기존 업무를 보고 있는 부서에서라도 신기술 및 아이디어 발상을 염두에 두고 일을 할 수 있도록 해야 한다. 아이디어라는 것은 정해진 사람한테서만 나오는 것이 아니라, 누구라도 떠올릴 수 있는 것이다.

① 신기술과 아이디어는 계속 탄생하고 있다

수많은 상품을 탄생시키기 위해 수많은 엔지니어들이 밤낮 없이 도전하고 있다.

일상생활에서 사용하는 전자제품들을 보자. 유선 전화는 호출기와 시티폰을 거쳐 휴대폰이 되었고, 도로 지도는 내비게이션이 대신하고 있으며, 브라운관 TV가 LCD TV, PDP TV가 되었다.

이런 것들이 없는 세상은 상상만 해도 불편할 만큼, 우리는 신기술과 새로운 아이디어의 혜택을 듬뿍 받고 있다.

② 일상의 편리함을 추구하는 아이디어 상품들

기업에서 출시하는 상품은 소비자에게 편리와 효율을 강조한다. 편리성과 효율성은 멀리 있는 가상의 소비자에게서 찾는 것이 아니고 소비자인 자신이 직접 사용함으로써 느끼고 판단할 수 있는 것이다.

이불이나 옷가지의 습기를 제거해 주는 제습제나 주부들이 채 써는 일에서 벗어나게 해준 채칼, 쪼그리고 앉아 걸레질 할 필요가 없게 해준 실내화에 부착된 걸레 등은 소비자의 입장에서 편의와 효율을 잘 살린 제품들이다.

기업은 끊임없이 소비자와 고객이 편리하게 사용할 수 있는 아이디어 상품을 개발해야 한다.

③ 유능한 기술자를 많이 확보해야 한다

요즘같이 산업이 세분화되고 전문화되어 가고 있는 산업 구조에서는 각 분야별로 유능한 기술자를 많이 확보해야만 경쟁력을 발휘할 수 있다. 경쟁력 있는 신기술이나 아이디어 상품은 지식과 경험이 풍부한 엔지니어를 통해 나오기 쉽다.

기업에서는 경쟁력 있는 상품이나 부품을 탄생시킨 주역들에게 그때그때 적정한 대가를 지불함으로써 이들의 열정이 지속될 수 있도록 해야 한다. 회사는 엔지니어의 채용에서부터 보수에 이르기까지 각별히 신경을 써서 그들이 더욱 보람 있는 상품들을 탄생시킬 수 있도록 주의를 기울여야 한다.

유능한 기술자가 많은 기업이 발전 속도도 빠르다는 점을 명심하자.

경영에는 왕도가 없다

　지구상의 70억 인구 중에 똑같은 사람은 단 한 사람도 없듯이, 기업도 마찬가지다. 기업이란 근본적으로 사람에 의해 구성되는 것인데, 기업마다 구성원이 다르니 당연한 이치이다. 그렇기 때문에 기업 경영에는 왕도(王道)가 없다. 기업 경영에 왕도가 있고 정답이 있다면 모든 기업주와 기업에 종사하는 임직원들이 그렇게 바라고 꿈꾸는 성장과 발전만 있어야지, 매년 수많은 기업이 생겨나고 또 수많은 기업이 사라질 이유가 없을 것이다.

　학자들이 쓴 경영학 이론서들은 단지 참고서일 뿐이다. 대기업의 경제연구소에는 경영학 박사들이 즐비하지만, 그럼에도 불구하고 부도가 나는 대기업들을 심심찮게 볼 수 있다. 중요한 모든 것은 기업주 스스로 직접 경험하고 체득해 나가야 한다. 성공한 기업인을 따라 한다고 해서 같은 방식으로 성공할 수는 없는 일이니, 무작정 성공해야 겠다는 환상이나 강박관념에서 벗어나 미숙하고 서툴지라도 자기 방식의 경영을 찾아야 한다.

① 남의 말에 지나친 의존은 금물

CEO가 되고 나면 많은 사람과 접촉을 하게 된다. 각종 세미나나 강연회에 참석해 그대로 하면 당장이라도 성공할 것 같은 강의를 듣기도 하고, 주위의 여러 사람들로부터 조언이나 충고를 듣기도 한다. 하지만 다른 사람에게 듣는 이야기는 그들만의 환경, 그들만의 조건에서 이루어진 것이지, 자신이 놓인 여건과는 다르다는 것을 알아야 한다.

성공한 사람들의 의견을 무시하자는 것은 아니다. 다만 그러한 내용들을 그대로 적용하는 것은 자신의 상황과 안 맞을 수도 있기 때문에 특정한 분야에서 성공했다는 일부 사람들의 의견만 듣고 그대로 따라 해서는 안된다는 점이다. 설령 내가 조금 부족하고 미흡한 점이 있더라도 원칙을 준수하고 기본에 충실하면서 하나하나 배워 나가는 자세로 임한다면 성공의 디딤돌이 마련될 것이다.

② 현실에 맞게 경영해야

빚을 내서 무리하게 경영을 해나가는 일이 있는데, 뱁새가 황새를 따라가면 가랑이가 찢어진다. 징검다리도 두들겨 보면서 건너듯이 경영을 해야지, 요행으로 한몫 잡겠다는 식으로는 성공할 수 없다. 피와 땀으로 벌어들인 돈이라야 가치가 있고 또 돈을 쓰는 지혜도 생기게 된다. 요행으로 들어온 돈에는 그러한 지혜가 따라오지 않는다. 오죽하면 "주운 돈은 바로 쓰라"는 말이 있겠는가.

자금에 여유가 있을 때는 부가가치를 창출하는 곳, 즉 현장에 투자를 해야 한다. 사무실이나 외관에 투자하는 것은 사치라고 봐야 한다. 사치스럽게 경영해서 좋을 일은 없다.

남이 이렇게 저렇게 해서 돈을 벌었다고 하면 누구나 귀가 솔깃하겠지만, CEO는 이런 점을 경계해야 한다. 어떤 상황에 놓여 있다고 하더라도 현실에 맞게 경영을 해야 한다.

노가다 십장은 노가다 출신

　회사에 다니는 대부분의 직원들은 순리대로 일을 한다. 자기가 맡은 업무를 충실히 해내기 위하여 아침 일찍부터 저녁 늦게까지, 때로는 휴일에도 출근하면서 주어진 업무에 최선을 다하고 있다. 그런 행동이 오늘날 직장에 소속되어 있는 대부분의 샐러리맨들이 갖는 공통된 생활 형태라고 봐도 과언은 아닐 것이다.

　그런데 어느 명문대학 출신 부하직원의 태도가 영 못마땅한 적이 있었다. 자기가 명문대학 출신임을 과시하면서 겸손하지 못한 행동을 보였던 것이다. 그러다 보니 소속 팀의 분위기도 오합지졸(烏合之卒)이었다. 어떻게든 기회가 되면 그 직원을 교육시켜야겠다고 마음먹고 있었는데, 직원들의 정신교육 시간이 있었다.

필자는 다음과 같은 질문을 던졌다.

"건설 현장에서 일하고 있는 작업 반장격인 노가다 십장(什長 : 일꾼을 직접 감독하는 우두머리)은 어느 과출신일까요?"

갑자기 낯선 질문을 하자 사람들은 조용히 다음 말을 기다리고 있었다.

나는 한참 뜸을 들이다가 말했다.

"노가다 출신입니다."

노가다 십장은 어떻게 되는 것인가? 건설 현장에서 콘크리트, 철근, 철골, 목재 등을 만지면서 경험과 노하우를 쌓아야 노가다 십장이 될 수 있다. 또 그래야 현장 근로자들을 다룰 수 있다. 지금은 이런 일의 상당수를 외국인이 맡고 있는데다 그나마 있는 인력도 노령화되어 공사가 부실해지고 공사 기간도 연장되는 일들이 벌어지고 있다.

건물을 짓다 보면 큰 돌, 작은 돌, 자갈, 모래 모두가 각기 쓰임새가 있다. 어느 것이 중요하고 어느 것은 덜 중요한 것이 아니다. 조직이나 사회도 마찬가지이다. 각기 다른 분야에서 일하고 있는 모두가 소중하고 중요하다. 따라서 그들 모두는 일의 내용과 관계없이 인격적으로 존중을 받아야 하고, 또 존중해 주어야 그 조직이 건강해지고 활성화된다. 특정 대학만 인정받아야 한다는 생각을 갖는 조직은 실패의 길로 들어설 수밖에 없다.

우리 모두는 서로 다른 남을 이해하고 존중할 줄 알아야 한다. 그래야만 조직이나 사회가 밝아지고, 나 자신도 성공할 수 있는 것이다.

잡종 강세인 시대다. 명문 순혈주의만 고집하는 조직은 활력을 잃고, 위기의 순간이 닥치면 선봉장이 없는 난파선의 선원처럼 탈출하는 난리가 벌어지고 만다.

일은 결재로 이루어진다

직장생활을 시작하면 누구나 회사의 사정과 입사자의 능력 및 적성을 감안하여 부서 배치를 받고 주어진 일을 하게 된다. 그런데 이때 하게 될 일은 자기가 하고 싶다고 아무 일이나 할 수 있는 것도 아니고, 예전에 해본 일이나 적성에 맞는 일을 골라서 할 수 있는 것도 아니다. 오직 회사가 결정한 목표나 방향에 따라서 전 직원이 일사불란하게 움직여 나가야 한다.

모든 회사들은 중장기 계획을 가지고 있다. 궁극적으로는 어떤 최고의 위상이라던가, 어떤 위치의 모습을 바라보면서 경영을 해나가겠지만, 일단은 3년 후나 5년 후, 10년 후와 같은 중장기 전략을 갖고 있다. 그런 전략을 통해 장기적으로 발전해 나갈 수 있도록 힘을 집결하는 것이다. 이 사실은 결재(決裁)와 어떤 관련이 있을까?

① 결재를 잘 받는 것도 요령이다

일반적으로 회사는 중장기 전략이나 당년도의 사업 계획에 의거, 당월 계획이나 익월 계획을 수립하고, 그 계획에 의해서 업무가 집행된다. 그러려면 그때그때 필요한 사항에 대해서 보고나 결재를 받아야 하는데, 어떤 직원은 결재를 쉽게 받는 반면에 어떤 직원은 매번 두세 번씩 수정한 후에야 결재를 받는 경우가 있다.

결재를 수월하게 받으려면 결재권자와 원활한 커뮤니케이션을 할 수 있는 노하우를 찾는 것이 중요하다. 똑같은 내용을 가지고도 의사소통이 잘 되면 결재가 잘 되고, 그렇지 않으면 결재를 못 받는 경우가 생기기 때문이다.

결재를 성공적으로 받기 위한 요령이 있다. 서두에 결재 내용에 대한 전체적인 배경과 더불어 결론을 간략하게 전달한 후 결론에 따른 세부 항목을 설명하면 결재권자가 이해하기 쉽다. 반대로 처음부터 세부 항목 하나하나에 대해 설명을 해나가다 보면 결재권자는 '도대체 그래서 어쨌다는 거야?' 하고 짜증을 내고 있을 것이다.

② 결재를 받는 시기가 중요하다

일이 벌어졌을 때나 분위기가 무르익었을 때 결재를 받는 것이 중요하다. 특정 사실에 대해 모두 공유하고 있을 때는 칭찬을 받기도 쉽고, 긍정적인 내용의 보고가 아니더라도 분위기에 묻어갈 수 있는 여지가 생긴다. 하지만 그런 시기가 지나고 나서 새삼스럽게 불유쾌한 안건에 대해 결재를 받게 되면 그 상황을 다시 거론하면서 얼굴을 붉혀야 되는 경우도 있다.

결재권자가 해당 안건의 내용을 알게 되는 시기도 중요하다. 결재권자가 일찍 알았더라면 그에 맞는 판단을 내리고 적절한 조치를 취할 수 있었던 사안인데, 결재가 지연되어 제대로 알지 못하는 상태에서는 잘못된 결정으로 회사에 손실을 입힐 수 있다. 그렇게 되면 일이 잘못되어 벌어지는 손실과 결재가 지연되어 벌어지는 손실로 회사는 이중으로 피해를 보게 된다.

결재를 받는 시간도 중요하다. 11시보다는 오후 2시가 좋다. 허기가 졌을 때 사람은 자신도 모르게 공격적인 성향을 가지게 된다. 점심식사 후 결재권자가 포만감에 차 있을 때 결재를 받는다면 부드러운 분위기에서 결재를 받기가 수월해진다.

③ 데이터가 충분해야 한다

결재 내용에는 현실에 맞는 각종 수치가 등장하게 된다. 결재권자는 그 수치를 보고 정당성과 방향성을 판단해야 하는데, 달랑 지금 현재의 상황만 나타내는 보고를 하면 제시된 수치가 가지는 의미를 파악하기 어렵다. 따라서 특정 수치를 전달할 때는 전월, 혹은 전년도의 상황이나 글로벌 시장 상황, 경쟁사의 수치 등을 포함해서 가급적 충분한 데이터가 포함되어야 한다. 그만큼 결재 내용에 정성과 노력이 들어가야 결재가 몇 번씩 반복되지 않고 한 번에 이루어질 수 있는 것이다.

회사의 일이 신속히 진행되려면 보고나 결재가 그때그때 이루어져야 한다. 상사에게 보고나 결재를 하는 게 즐겁고 쉬운 일은 아니지만, 회사의 일이란 것이 보고나 결재를 통해서만 진행되기 때문에 피할 수 없는 일이다.

시기적절하고 정확한 보고와 결재를 생활화, 습관화해야 한다. 이를 잘하지 못하면 무능한 직원으로 낙인 찍히고, 잘하면 유능한 직원으로 평가 받게 되어 직장생활이 훨씬 활기차게 이루어질 것이다.

'하는 데까지'가 사업 목표?

의욕적인 목표가 인생을 즐겁게 한다.

로버트 슐러

    대부분의 기업들은 해마다 사업 목표를 가지고 한 해를 시작한다. 연간 매출 목표나 이익의 목표를 정하고, 이를 전 직원에게 고지해서 목표를 달성하기 위하여 독려한다. 지극히 당연한 얘기고, 또 그렇게 해야만 한다.

    그런데 어느 날 한 중소기업 사장님을 만나서 올해 사업목표가 어떻게 되냐고 물어봤더니, "하는 데까지 해보겠다"고 대답을 한다. 당시 나는 상당히 충격을 받았다. "하는 데까지 해보겠다"는 것이 사업 목표인 것이다. 그래 가지고 어떻게 도전을 하겠다는 것인가?

    매출 목표가 결정이 되면 거기에 맞는 신규 개발을 해야 하고, 새로운 시장도 개척해야 하며, 생산 능력도 갖추어야 한다. 당연히 구매물

량도 사전에 준비가 되도록 해야 한다. 그렇기 때문에 사업 목표는 바다에서 길을 밝혀 주는 등대와 같다. 등대는 뱃길을 목적지로 안내하기도 하고 배가 암초에 부딪치지 않도록 주의를 주기도 한다.

영국의 정치가였던 벤자민 디즈레일리는 "성공의 비결은 변하지 않는 목적에 있다"고 했다. 하나의 목표를 가지고 꾸준히 최선을 다해 나아가면 만물을 굴복시키고 성공할 것을, 처음부터 끝까지 한길로 나아가지 않기 때문에 사람들이 성공하지 못한다는 것이다. 등대의 위치가 계속 변한다면 배 또한 우왕좌왕하다가 좌초하고 말 일이다.

사업 목표는 회사가 나아가야 할 방향을 제시한다. 연간 목표, 월간 목표, 일일 목표가 있어야 하고, 이에 따라 팀별, 개인별 목표가 주어지게 된다. 모두가 목표 달성을 위해 노력해야 하고, 어떤 지혜를 써야 할 것인지 고민해야 한다. 모든 직원에게 똑같이 주어지는 하루를 출근하면서부터 무엇을 어떻게 할 것인지 생각하면서 맞는 것과, 막연하게 맞는 것은 그 결과에서 크게 차이가 나게 된다.

목표를 분명하게 제시하고 확실하게 점검해 나간다면 회사 경영 상태는 좋아지게 된다. 그렇지 않다면 서서히 기울어져 갈 것이다. 따라서 직원 모두에게 자신이 하는 업무에 대해서 목표 관념을 확실하게 심어 두도록 해야 한다.

지속하지 않으면 의미가 없다

태만은 천천히 움직이므로
가난이 곧 따라잡는다.

프랭클린

우리 속담에 작심삼일(作心三日)이란 말이 있다. 단단히 먹은 마음이 사흘을 가지 못한다는 뜻으로, 결심이 굳지 못함을 이르는 말이다. 그만큼 어떤 일을 결정하고 나서 그 일을 지속해 나가기가 어렵다는 뜻이다.

따지고 보면 세상에 어렵지 않은 일이 없다. 아무리 사소한 것이라도 처음 한두 번은 괜찮지만 그것이 열 번, 스무 번 지속될 때는 지루함, 권태, 의지박약 등 여러 가지 이유로 중도에 그만두는 경우가 많다.

학교 다닐 때를 생각해 보자. 누구나 학생 시절에는 열심히 공부해 성적을 올리겠다는 다짐을 수십 번씩 한다. 좋은 성적을 올리려면 물론 머리도 좋아야겠지만, 무엇보다도 끝까지 열심히 하는 게 중요하다. 하지만 그 일이 그리 쉽지가 않기 때문에 끝까지 최선을 다한 사람은 높은 성적을 얻어 원하는 학교에 진학하지만, 그렇지 못한 학생은 원치 않는 학교에 진학할 수밖에 없게 된다.

새해 첫날을 생각해 보자. 새해 첫날이면 누구나 금연이나 금주, 운동, 공부 등에 관련된 새로운 각오를 다진다. 하지만 하루 이틀이 지나고 한두 달이 지나가면 어떤가? 각오는 조금씩 약해지고 '이걸 꼭 해야 되나?', '이거 안 한다고 당장 어떻게 되는 것도 아닌데….' 하는 생각이 문득문득 들다가 결국에는 중도에 포기해 버린다.

성공한 인생이 되려면 한번 마음먹은 일에 끝까지 도전하는 자세가 필요하다. 우리 주위에는 자기와의 싸움에서 포기하지 않고 성공한 사람들을 얼마든지 볼 수 있다. 피겨스케이팅 동계올림픽 금메달리스트 김연아, PGA 8승에 빛나는 프로골퍼 최경주, 하계올림픽 수영 금메달리스트 박태환, 북경올림픽에서 전승으로 우승한 한국 야구 선수들, 프로축구 1번지 프리미어리그의 박지성, 독일 슈투트가르트발레단 소속의 강수진, 한국이 낳은 세계적인 성악가 조수미 등을 떠올려 보자. 이들이야말로 자기가 인생의 목표로 삼은 분야에서 한눈팔지 않고 죽을 고생을 하고 노력해서 오늘날 성공의 반열에 오른 사람들이다. 직장에서도 이처럼 한번 마음먹은 일들을 끝까지 지속하면 얼마든지 자신도 성공하고 기업도 성공으로 이끌 수 있는 일들이 많다.

직장에서 지속해야 될 업무임에도, 제대로 지켜지지 않는 사례를 몇 가지 소개해 본다.

① ISO9000

제품 생산, 유통 과정 전반에 걸쳐 국제 규격을 제정한 품질 보증제도이다. ISO9000은 해당 제품의 설계에서부터 생산 시설, 시험 검사 등 전반에 걸쳐 규격 준수 여부를 확인해 주는 인증제도인데, 제품을 수출할 때는 대부분 이 인증을 요구한다.

문제는 이 인증을 획득한 뒤부터다. 인증을 획득한 기업에서 규정대로 업무가 시행되고 있는지 확인하기 위해 1년에 한 번씩 심사가 나온다. 일부 기업들은 심사가 나오기 며칠 전부터 그 동안 준수하지 않았던 내용을 한꺼번에 준비하느라 분주하다. 실제 규격을 준수해서 제품을 생산하라는 것인데, 임의로 서류를 만든다는 것이 무슨 의미가 있겠는가.

② 고객사 방문

어렵게 영업을 해서 대기업에 벤더 등록을 하고 제품을 납품하면 사업이 성공적으로 진행되는 것 같아 마음이 흐뭇하다. 그런데 어느 날부터 물량이 줄어들면서 벤더에서 탈락될 위기마저 겪게 된다. 벤더 등록을 하기 전에는 하루가 멀다 하고 찾아가지만, 벤더 등록이 완료되고 나니 영업 활동이 종료된 것처럼 생각하기 때문이다.

사실 벤더 등록이 되면 그전보다 더 바빠져야 한다. 신제품에 들어갈 샘플 공급에서부터 제조 현장에서 발생하는 불량에 대한 대처, 각종 정보 수집에 이르기까지 빈틈없이 처리해야 벤더의 위치를 지켜나갈 수 있다. 이런 일들을 소홀히 다루면 다른 경쟁사에게 어렵게 구한 거래처를 빼앗기기 마련이다.

③ 중간 검사

상품을 제조하다 보면 완성품이 되기 전에 중간 공정에서 제품이 정상적으로 제조되고 있는지 실험을 해봐야 한다. 현미경으로 규격을 측정한다거나 이물질이나 오염 발생 여부는 물론, 고온 테스트에서 변형이 생기지는 않는지 매번 철저하게 검사해야 한다. 그런데 품질 관리를 철저히 요구하면 규칙대로 검사를 하다가 어느 시기가 지나면 느슨해진다.

중간 검사만 철저히 해도 완제품의 대량 불량을 막을 수 있고, 불량이 고객사까지 출고되는 사태를 방지할 수 있다. 이런 일이 발생한 뒤에는 후회해도 소용이 없다. 따라서 언제나 작업 규정대로 중간검사가 이루어져야 한다.

안도현은 '모악산'이라는 시에서 "산다는 것은 조금만 더, 조금만 더 이제 저기까지만 더 가 보자, 하면서 앞으로 나아가는 것"이라고 했다. 지속하지 않으면 의미가 없다고, 시인은 우리에게 속삭인다.

솔직하게 말할 수 있는 직장

인생을 살아가면서 하고 싶은 말을 다 하고 살 수는 없다. 할 말이 있고 해서는 안될 말도 있으며, 남의 말을 옮기는 것도 문제다. "너한테만 하는 말이니까 다른 사람한테는 절대 말하지 말라."는 말도 종종 듣겠지만, 알고 보면 모두에게 그렇게 말하고 다니는 경우도 허다하다. 그러니 꼭 필요한 이야기가 아니면 한쪽 귀로 듣고 한쪽 귀로 흘려버리는 것이 좋다. 그런데 조직생활에서는 꼭 해야 될 말을 하지 않아서 문제가 생기는 경우가 많다.

① 미리 솔직하게 말하면 큰 손실을 방지할 수 있다

영업파트에서 유통점에 물건을 공급하고 있는데 유통점의 분위기가 예전 같지 않은 경우가 있다. 재정상태가 좋지 않아 부실화 되어가고 있는데, 담당자가 보고를 차일피일 미루고 있는 것이다. 잘못 보고 했다가는 담당자인 자신이 문책을 당할 것 같아 미루다 보니 어느 정도 금액에서 수습이 될 수 있는 상황이 결국 걷잡을 수 없을 때까지 치달아 큰 손실을 입는 경우다.

스케줄 문제도 있다. 개발 스케줄에 맞춰 무리하게 진행하다 보니 신제품에 문제가 발견된 것을 알고도 눈을 감아 버리는 것이다. 제대로 하려면 스케줄이 다소 지연되더라도 문제를 수정하고 개발을 진행해야 하는데, 독촉도 심하고 문책도 두려운 나머지 '설마 별일 없겠지' 하는 마음에 그냥 제품을 출시해 버린다. 이 경우 대규모 리콜로 회사에 손실을 입히게 된다.

구매에서 문제가 터질 때도 있다. 2, 3일 후에 생산 라인에서 양산에 들어가야 하는데, 구매 담당자 몇 사람의 자재 수급에 문제가 생겼다. 그런데 서로 자기가 맡은 자재 때문에 생산이 되지 못했다는 말을 듣지 않으려고 눈치만 보면서 상대방 자재 건이 먼저 터지기를 기다리고 있다. 결국 누군가의 자재 수급 문제가 먼저 터진 후 회사가 총력을 기울여 이를 막으면 기다리고 있었다는 듯 잇달아 다른 자재들도 문제가 되어 양산 일정이 예상보다 크게 늦어지는 경우다.

직원들이 사전에 문제가 될 수 있는 부분을 정직하게 털어 놓아야 회사 차원의 대처가 가능하다. 그것이 회사의 역량이고 직원의 도리인 것이다.

② 진짜 사직 사유를 말하지 않는 사람

한 직장에서 일을 시작해 정년퇴직 할 때까지 근무하는 것은 어쩌면 불가능한 일이다. 자의든 타의든 이직할 수 있고, 자기 사업을 시작할 수도 있다. 그런데 이런 경우, 그 이유를 정직하게 말하지 않는 경우가 많다. 능력 있는 직원이 굳이 회사를 떠나지 않아도 되는 사유로 회사를 떠난다면, 회사 입장에서는 큰 손실이 아닐 수 없다.

기업은 곧 인재이기 때문에 기업은 인재육성에 큰 힘을 기울인다. 그렇게 공들여 키운 인재가 회사를 떠나지 않도록 경영진이나 관리자 또는 인사부서 직원들은 항상 촉각을 곤두세우고 있어야 한다. 직원들의 애로사항이라든가 직원들간의 갈등에 대해 깊은 관심을 가져야 하고, 문제가 발생하면 이를 해소할 수 있도록 해야 한다.

기업은 조직으로 구성되고 조직은 직급으로 이루어지기 때문에 조직문화가 경직되어 있으면 개인적인 일은 물론 회사의 발전에 도움이 되는 건의조차 제대로 하지 못하는 경우가 생긴다. 이는 참으로 불행한 일이기에, 언제든지 표현할 수 있고 허심탄회하게 토론할 수 있는 회사를 만들어야 한다.

이런 회사를 만들기 위해 나는 사수, 부사수 제도나 직원들의 생일자 면담을 권하고 싶다. 사수, 부사수 조직을 통해 서로 격려하고 위로하면서 가족 같은 분위기를 창출하고, 경영진의 생일자 면담을 통해 직원들의 아이디어나 애로사항을 듣고 반영함으로써, 여러 직원들이 회사에 애착을 느끼도록 해주는 것이다.

효율적인 출장을 위한 제안

요즘 기업들은 대부분 글로벌화 되어 국내시장만 바라보고는 사업을 할 수가 없다. 모든 산업, 모든 제품, 모든 부품에 이르기까지 세계시장과 경쟁을 하지 않고 홀로 시장을 지켜나갈 수 있는 분야가 없기 때문이다. 그러다 보니 기업간에 풀어야 할 일들이 많아서 가깝게는 지방출장부터 멀리는 해외까지 수시로 출장을 나가게 된다. 영업뿐만 아니라 개발, 구매, 품질, 서비스 등 다양한 분야의 피할 수 없는 출장을 더 효율적으로 다녀올 수 있는 방법은 없을까?

① 출장목적이 뚜렷해야

많은 시간과 경비를 투자해 목적지까지 도착해도 고작 1시간 정도의 면담 시간이 주어질 뿐이다. 그렇기 때문에 만나야 할 사람, 확인해야 할 안건을 분명하게 정해 놓고 만나지 않으면 애써 간 출장을 반밖에 활용하지 못하는 경우가 생긴다.

출장을 갈 때는 개인이 아니라 회사의 담당이라는 입장으로 회사의 현안이 무엇인지 확인해 거래처 직원과 차분하게 하나하나 짚어 나가야 한다. 직접적인 담당자를 만나는 것은 물론, 관계부서 직원과도 연락해 업무와 관련된 내용뿐만 아니라 안부인사라도 나눌 수 있어야 한다.

② 준비를 철저히 하자

출장을 떠날 때는 만나고자 하는 사람과 반드시 사전에 약속을 해야 한다. 아무리 먼 곳에서 왔다고 하더라도 사전에 약속을 하지 않고 불쑥 찾아가는 것은 실례다. 어느 직원이든 자기 스케줄이 있고 일이 바쁘기 때문에 상대방과의 사전약속은 필수사항이다.

목적에 맞는 준비물도 잘 챙겼는지 점검해야 한다. 필요한 서류나 제품, 부품이 준비 되었는지 확인하고, 상대방에게도 연락을 해서 필요한 내용물이 있는지 물어보는 것이 좋다. 귀한 시간을 내서 출장을 갔는데 준비가 부족해서 해야 할 일을 다 하지 못하는 것도 회사에 손실이 되는 것이다.

③ 중간보고

직원이 회사를 떠나 출장을 가면 상사는

- 추진해야 할 일은 의도대로 잘 진행되고 있는지,
- 특별한 지침이 필요한 상황은 아닌지,
- 본사에서 도와 줄 일은 없는지

걱정스럽게 보고를 기다리게 된다.

그런데 직원이 회사에 돌아올 때까지 아무런 소식이 없다면 업무의 효율이 떨어질 뿐 아니라 성의가 없는 것으로 비춰지기 십상이다. 따라서 출장을 간 직원은 현지에서 매일 저녁 그날 있었던 내용을 메일로 보고하거나 급할 때는 전화보고를 통해 업무지침을 받도록 해야한다.

④ 전화나 이메일 활용

거래선에 대해 평소 무심하다가 어느 날 불현듯 찾아가는 것보다는 수시로 전화나 이메일로 소식을 전하는 것이 좋다. 세상은 빠른 속도로 변하고 있기 때문에 일정 기간 소식이 없다 보면 자기도 모르는 사이에 일이 원하지 않는 방향으로 처리되는 경우를 종종 볼 수 있다.

전화나 이메일을 통해 상대방과 소통을 자주 하면 인간적으로도 친밀감을 느낄 수 있고, 그만큼 정보도 얻을 수 있다. 전화나 이메일을 잘만 활용한다면 군이 출장을 가지 않고서도 해결될 수 있는 일이 얼마든지 있다. 성의 없이 대하면 무조건 현지에 와서 눈으로 확인하라고 할 일도, 상대방과 자주 연락을 하는 사이에서는 시간과 경비를 줄일 수 있다.

경력과 실력은 비례하지 않는다

경력사원을 채용하기 위해 이력서를 읽다 보면 한 회사에 짧게는 1~2년, 길게는 2~3년 근무하다가 다른 회사로 옮기는 경우가 있다.

중소기업은 비교적 이직율이 높은 편인데, 자주 회사를 옮기다 보면 장점보다는 단점이 많다. 직장이 자주 바뀌면 기술을 제대로 배울 수 없고, 올바른 경력을 쌓을 수 없으며, 직장 선후배의 인맥 관리도 안되고, 승진과 연봉에서 불리한 대우를 받는다.

이처럼 회사나 개인에게 하등 도움이 안 되는 잦은 이직이 왜 발생하는 것일까?

우선 회사 측의 문제를 살펴보자면

첫째, 새로운 사원에 대한 교육과 안내가 부족하거나

둘째, 직원들을 효율적으로 육성하기 위한 조직의 정비가 덜 되어 있고

셋째, 책임과 징계를 순간적으로 실시하며

넷째, 보수와 복지가 열악하다는 등의 문제를 꼽을 수 있다.

근로자 개인의 입장은 어떤가?

이 정도 월급이면 다른 곳에서도 얼마든지 일할 수 있다든지, 회사에 비전이 없고 장래가 불투명하다든지, 회사의 인사체계가 친인척이나 특정기업 출신으로 이루어져 있다든지, 상사의 편애가 심하다든지 하는 이유가 있을 것이다.

어느 쪽에 문제가 있든 한 곳에 정착하지 못하고 떠돌이 직장생활을 하며 시간을 보내면 훗날 경력은 많은데 실력이 없는 사람이 되어 버린다. 젊은 시절에 아무 생각 없이 대충 직장생활을 하다가 중장년에 이르러 처자식이 딸린 상태로 이곳저곳을 전전하는 실패한 인생이 되지 않기 위해 다음과 같은 지침을 생각해 보자.

① 일에 대해 꼼꼼히 생각하는 습관

출근을 하면 내가 해야 할 일이 무엇인지, 어떻게 하면 그 일을 잘 해낼 수 있을지, 무엇이 문제인지 생각해야 한다.

퇴근할 때까지 아무생각 없이 닥치는 대로 일을 하는 것과, 하고 있는 일에 대해 항상 생각을 하고 일을 하는 것에는 큰 차이가 있다. 일에 대해 평소 생각을 많이 하면 그만큼 지식과 노하우가 쌓이게 된다. 그러니 하는 일마다 꼼꼼히 생각하는 습관을 길러야 한다.

② 손발을 사용하자

일이라는 것은 말이나 눈으로 할 수 있는 것이 아니라, 직접 경험을 하면서 내 것이 되기 마련이다. 기계를 직접 뜯어보고 조립을 해봐야 기계를 이해할 수 있고, 그래야 문제를 해결할 수도, 개선의 아이디어가 생길 수도 있는 것이다. 겁이 난다거나 기름을 묻히는 것이 싫어 보기만 한다면 실력이 늘 수 없다. 필요하면 발로 뛰고 움직여야지, 귀찮고 힘들다고 생각하면 내 것이 될 수 없다.

③ 경험과 이론 공부

경험도 중요하지만 책을 많이 읽어 이론적인 부분을 뒷받침할 수 있어야 한다. 이론이 없는 상태에서 그저 경험상 이렇게 하니까 저렇게 되더라는 식의 지식으로는 발전할 수 없다. 이론을 바탕 삼아 경험으로 증명할 수 있으면 거기에서 창의력이 생기는 것이다. 세상에는 온갖 종류의 책이 있고, 인터넷 또한 지식의 보고이므로 이런 것들을 통해 자신이 하고 있는 일에 대한 지식을 쌓으려고 노력해야 한다.

　생각을 하고 직접 뛰고 공부를 하면 직장생활에서 자신감이 생기게 된다. 자신감이 생기고 열심히 하게 되면 회사나 주위 동료, 상사에게도 인정을 받게 되니 얼마나 뿌듯하고 좋은 일인가. 실력은 경력과 비례하지 않으므로, 신입사원 시절부터 실력을 갈고 닦도록 하자. 실력도 축적이 되다 보면 마침내 티끌 모아 태산이요, 이슬 모아 한강이 된다.

고객을 위하는 마음에는 한계가 없다

진정한 영업은
고객이 구매 후 시작된다.

질 그리핀

기업은 곧 영업이라고 할 정도로 영업은 중요한 것이다. 상품이 팔리지 않는 기업은 살아남을 수 없고, 또 팔리기 위해서는 고객이 있어야 한다. 해마다 수많은 기업이 생기고 또 해마다 수많은 기업이 문을 닫는데, 문을 닫는 기업들을 보면 최종적으로 영업이 안 되어 문을 닫는 경우가 대부분이다. 개발이나 생산, 또는 자재 구매, 품질, 총무나 경리가 미흡해서 회사가 문을 닫는 경우는 드물다.

물론 영업이 안 되는 이유를 따지고 보면 위에 나열된 항목도 원인이 될 수는 있다. 반대로 영업이 활성화되면 다른 항목들도 자연스럽게 활성화된다. 영업이 잘 돌아가면 생산이 바빠질 것이고, 그러면 자재 구매도 열심히 하게 될 것이며, 차기 아이템 개발을 위해 개발부도

서둘러 신모델 출시 계획을 잡을 것이다. 그러나 영업이 부진하면 생산을 줄여야 하고, 자재 구매도 줄어들 것이며, 자금이 원활하게 돌아가지 않으니 신모델에 대한 투자도 잘 이루어지지 않게 된다.

그렇기 때문에 기업에서는 영업이 잘될 수 있도록 모든 힘을 집중해야 한다. 상품에 대한 경쟁력을 확보해 놓고 고객을 찾아 나서는 것이다. 상품이 좋으면 고객은 자연히 따라올 것이라고 생각하면 오산이다. 세상에 좋은 상품이 우리 것만 있는 것이 아니기 때문이다. 어렵게 고객을 잡았다고 끝나는 것도 아니다. 끝까지 관계를 유지하는 것이 중요하다. 한번 마음이 떠난 고객을 다시 되돌리는 것은 처음 고객을 잡을 때보다 힘든 일이기에, "잡은 물고기에 밥 안 준다"는 식으로 고객을 상대해서는 안 된다.

세상 일이란 것이 서로 노력해서 안 될 일은 없다. 나만 도움을 받고, 나만 이익을 취하겠다는 식으로 생각하고 하는 영업은 실패다. 고객을 위하는 마음에는 한계선이 없어야 하고, 그러기 위해서는 내가 희생할 줄 알아야 한다.

끊임없는 변화

아무리 낯선 환경이라도 적응하고 나면 익숙해지기 마련이다. 처음에는 어렵고 힘들겠지만 익숙해지면 곧 편안해진다. 이렇게 되면 또다른 변화를 싫어하는 것이 누구나 가지고 있는 본성이기에, 어느 정도 안정을 찾으면 현실에 안주하고 싶어 한다. 하지만 상대는 변화해서 새로운 경쟁력을 갖추는데 나만 기존의 것을 주장하고 강조한다면 자연히 도태되지 않겠는가.

한때 '냄비 속 개구리'에 관한 비유가 자주 등장했다. 개구리를 냄비에 집어넣고 물의 온도를 서서히 올리면 개구리는 적응한답시고 서서히 유영하다가 어느 순간 그대로 삶은 개구리 꼴이 된다는 것이다.

한때 전자업계를 주름잡았던 일본의 소니는 바닥을 모르는 늪에 빠져 허우적대고 있다. 자신이 최고라는 자만과 착각, 커질 대로 커진 덩치로는 급변하는 시장의 변화에 대응할 수 없었던 것이다. 2006년에 소니는 자기보다 20여 년이나 늦게 전자업계에 뛰어든 삼성에게 TV 시장 1위를 내줬고, 현재 시장 가치는 삼성의 10%에 불과하다는 평가를 받고 있다. 모두가 변화를 게을리 한 탓이다.

'장강후랑추전랑(長江後浪推前浪)'이라는 말이 있다. "장강의 뒷물결이 앞물결을 밀어낸다"는 뜻이다. 6,300km 길이의 도도한 장강도 끊임없이 변화해야 강물이 썩지 않고 흐르듯, 우물 안 개구리가 되지 않으려면 변화를 수용할 수 있는 유연함이 필요하다.

변화란 누구 한 사람이 추진한다고 해서 이루어지는 것이 아니기에 전체가 변화의 흐름에 동참해야 한다. 그런데 이럴 때 변화에 적극적으로 동참하는 사람들이 있는 반면, 어떻게 해서든지 변화의 흐름을 막아 보려는 세력도 있기 마련이다. 이 반대 세력들을 슬기롭게 변화의 흐름에 동참시키기 위한 방법을 알아보자.

① 변화의 목적이 분명해야

변화가 뚜렷한 목적 없이 연례행사처럼 진행되어서는 안된다. 경영진의 눈치 때문에 어쩔 수 없이 한다거나, 전시행정처럼 그럴듯하게 분위기만 잡아보겠다는 내용으로 추진되어서는 안된다는 것이다.

시장에서 판매되고 있는 상품의 경쟁력이 떨어지고 있다든지, 신규 사업에 참여하고자 한다든지, 재정 위기를 극복하기 위해서라든지 하는 식의 확실한 목표와 슬로건을 걸어놓고 다 같이 동참하는 분위기를 만들어야 한다.

그러기 위해서는 구성원 전체를 납득시키려는 노력이 필요하다. 이 과정에서 분명한 이유와 목적이 있음에도 불구하고 반대하는 사람이 나온다면 조직에서 배제시키는 극약 처방도 고려해야 한다.

② 경영진이 적극적으로 나서야

변화의 주체는 가급적 경영진이 되는 것이 좋다. 부득이하게 경영진이 주체가 될 수 없다면 가급적 상위 직급에 있는 사람들이 포함되어야 한다. 그만한 책임을 지고 있는 사람이 진행해야 일의 속도도 빨라지고, 풍부한 경험과 노하우로 좋은 방향의 변화를 이끌어내는 데 큰 몫을 할 수 있기 때문이다.

변화를 위해 태스크 포스 팀을 구성하거나 행사를 하다 보면, 실무자들로만 구성된 팀에서는 결실을 얻어내기 어려운 경우가 종종 있다. 이럴 때 경영진이 동참하면 현장에서 빠르게 현상을 파악하는 능력과 결론을 내리고 집행할 수 있는 권위, 필요할 때 전 직원을 동원할 수 있는 권한 등으로 순조롭게 결실을 얻을 수 있다.

③ 현재를 불완전한 상태라고 인식해야

내가 알고 있는 어느 대기업에서 한 해 적자 수천억 원이 발생했다. 그런데 팀 별로 적자 원인 분석 보고서를 제출하라고 해서 보니, 단 한 팀도 적자가 난 팀이 없고 잘못이 있는 팀이 없었다. 그 회사는 결국 과감한 구조 조정과 원가 절감을 통해 1년 만에 큰 흑자를 냈다.

적자가 난 시점에서는 자사 상품에 문제가 없으니 설계 구조나 원재료를 바꿀 필요가 없다는 현실 안주론이 대세를 이룬다. 그러나 위기의 과정을 겪으면서 현재의 모든 것을 변화의 대상으로 보는 시각이 생겼고, 이를 통해 원가 절감 및 다양한 아이디어 발상을 통해 회사를 살려야 한다는 각오로 힘을 모았기 때문에 회사는 위기에서 탈출해 흑자로 전환될 수 있었다.

회사가 직원에게 바라는 것

관리를 적게 할수록
경영성과가 높아진다.
잭 웰치

회사에서 일을 하다 보면 일을 잘한다든지 잘못한다든지 하는 직간접적인 평가를 받게 된다. 이런 평가가 이루어지는 까닭은 회사에서 직원을 채용할 때 이 사람이 어느 정도의 역할을 할 수 있을 것이라는 기대치를 갖기 때문이다.

어떤 회사든 조직 구성은 대개 비슷하다. 영업, 개발, 생산, 구매·자재, 품질, 총무, 경리 등이다. 그리고 이들 조직 구성원의 경쟁력이 곧 회사의 경쟁력이기에, 구성원 한 사람 한 사람이 자기의 역할을 제대로 못하면 회사는 그만큼 어려워질 수밖에 없다.

개인의 능력이 부족해 회사가 피해를 봐서는 안 되겠지만, 현실적으로는 직원들의 능력 부족으로 많은 회사들이 어려움을 겪고, 심지어는 부도까지 가기도 한다. 그렇기 때문에 회사는 직원을 채용할 때 다각도의 검증 방법을 동원해서 우수한 사원을 선발할 수 있도록 힘쓰고, 또 채용한 후에는 각종 교육 프로그램을 통해 직원들의 직무능력 향상에 힘쓴다. 회사는 회사 나름의 역량에 맞춰 직원 교육에 최대한 관심을 기울이는 것이다.

그렇다면 개인은 과연 스스로의 직무역량 발전을 위해 얼마나 노력하고 있을까?

직장인 모두는 회사가 바라는 기대치에는 못 미치면서도 해마다 승진이나 연봉 인상을 기대하고나 있지 않은지 돌아볼 필요가 있다.

회사의 기대치에 부응하는 직원이 되기 위한 조건들을 살펴보자.

① 한 단계 높은 직급의 능력

회사생활을 하면서 얻게 되는 가장 큰 보람은 승진이나 연봉 인상일 것이다. 그런데 승진을 하려면 올라갈 직급의 업무를 수행할 수 있는 능력이 되어야 한다. 가령 팀장으로 진급을 하기 위해서는 진급 전에도 이미 팀장으로서의 업무 역량이나 리더십, 조직관리 능력 등을 갖추고 있어야 한다. 따라서 평소에 현재의 직급에서 한 단계 위의 업무를 할 수 있는 능력을 배양하도록 노력해야 한다.

② 현재 자신의 부족한 점을 인정해야

스스로 자신의 업무 능력이 부족하다고 인정하는 사람은 많지 않을 것이다. 그러나 자세히 들여다보면 사람마다 미흡한 부분이 있다. 직무능력이나 실무능력, 리더십, 추진력, 인간관계, 정보력, 업무 보고,발표력 등 여기에 나열하지 않은 내용까지 포함하면 참으로 다양한 요소들이 있다.

물론 모든 능력을 다 갖추기는 어려운 일이다. 실무능력은 뛰어난데 추진력이 부족하다든가, 발표는 잘하지만 인간관계가 부드럽지 못하다는 식이다. 따라서 직원들은 스스로 자신이 부족한 점을 인정할 줄 알아야 한다. 자신의 부족한 점을 알고 인정할 줄 알아야 겸손해지고 발전의 기회를 얻을 수 있기 때문이다.

③ 자신의 발전이 회사의 발전에 도움이 되어야

간혹 힘들 때면 "직장 그만두고 배추 장사나 해볼까?" 하고 넋두리하는 사람이 있다. 이런 사람들은 세상을 몰라도 한참 모르는 것이다. 이들은 자신이 배추 장사를 인격적으로 모독했다는 점도 모르고, 배추 장사가 직장생활보다 결코 쉽지 않다는 것도 모른다. 이런 사람이 실제로 배추 장사를 하면 십중팔구는 망한다.

직장을 선택해서 직장생활을 하고 있는 사람이라면 직장에 승부를 걸어야 한다. 자신도 발전하고 그로 인해 회사가 발전할 수 있다면 성공한 사람이다. 자신의 발전으로 회사를 발전시키도록 해야 한다.

확인하지 않으면 허위 보고가 된다

아는 것을 안다 하고,
모르는 것을 모른다 하는 것이
말의 근본이다.

순자

오래 전의 이야기다. 우리나라에 벽걸이 TV가 처음 출시되었을 때, 내가 다니고 있던 회사의 A/S센터에 A/S를 받으러 오는 손님에게 영화를 보여주기로 하고 벽걸이 TV를 설치하기로 했다. 대부분 설치가 끝나고 지방 한 곳만 남아 독려를 하고 있는데, 부하직원에게 확인을 시키니 설치가 되었다고 한다. 그런데 얼마 후 현지에서 설치가 안 되었다는 보고가 올라왔다. 그래서 설치가 되었다고 보고한 직원에게 확인을 하니 자기는 판매 유통점 직원이 말한 것을 전달했으니 잘못이 없다고 한다.

남이 잘못 말한 걸 아무런 검증 없이 전달해 회사 일에 차질이 생겼는데 자신이 잘못이 없다고 한다면, 직원으로서 할 일을 다 하지 않은 것이고, 그런 직원에게는 일을 맡길 수도 없는 것이다.

　보고는 사실에 근거해야지, 칭찬받을 만한 기분 좋은 보고라고 부풀려서는 안된다. 그걸 그대로 믿고 다음 행동을 할 사람은 부풀려진 만큼 일에 차질을 빚을 수 있다.

　잘못된 일을 보고할 때도 정확하게 보고해야 한다. 한 번만 질책을 받으면 될 일을 정확하게 보고하지 않아 여러 번 질책을 받아야 하고, 그런 일 때문에 무능한 사람으로 평가받을 수도 있다.

　일이 잘못되었을 때는 그 사실을 전하면서도 어떻게든 그 순간을 모면하기 위해 핵심을 피해 가려는 사람이 있다. 그러면 그 순간은 결재권자를 속일 수 있을지 모르지만 잘못된 일이 스스로 해결되지는 않는다. 별일 아닌 것처럼 보고받았는데 계속 문제가 터져 나오면 결재권자에게는 보고자가 사기꾼처럼 보일 수도 있다.

　보고자는 잘못된 일에 대해서 침착하게 대응해야 한다. 일의 처음부터 끝까지, 어떻게 이 일이 발생했고 또 현재는 어떤 상태인지 정확히 판단해 보고해야 하며, 대응책으로는 무엇이 최선이고 또 무엇이 차선책인지도 같이 보고가 되어야 한다.

　일을 하다 보면 잘된 일과 잘못된 일은 언제든지 일어날 수 있고, 또 그에 따른 보고도 해야 한다. 어떤 보고를 하든 사실과 달라서는 안된다. 보고를 듣는 사람이 그릇된 판단을 할 수 있기 때문이다. 따라서 보고자는 사실을 확인하기 위해 철저한 노력을 해야 하고, 이런 노력이 없으면 허위 보고가 되어 버린다. 거짓말을 하려는 의도가 없었더라도 사실에 근거한 보고가 아니라면 거짓된 보고인 것이다.

보고에는 감정이 들어가지 않아야 하며, 객관적이고 냉철하게 사실에 근거해 이루어져야 한다.

기업 경영에도 시나리오가 필요하다

비전이란 보이지 않는 것을
보는 기술이다.

조나단 스위프트

기업은 드라마가 진행되듯이 살아 움직여 나가야 한다. 그 속을 들여다보면 삶이 살아 숨 쉬는 소리와 진한 감동, 애착이 느껴져야 한다. 드라마가 살아 움직이려면 시나리오가 좋아야 한다. 훌륭한 시나리오가 없으면 우수한 배우들이 참여하지 않고 시청자들의 반응도 장담할 수 없듯, 기업 역시 경영진의 구체적인 비전과 계획 없이는 우수한 구성원들을 얻을 수 없고, 고객들의 마음도 사로잡을 수 없다.

① 매일 시나리오를 작성해야

시나리오에 맞춰 드라마가 촬영되듯, 기업의 하루하루는 계획에 의해 이루어져야 한다. 사전 계획을 가지고 하루를 맞이하는 기업과 그렇지 않은 기업의 생산성은 크게 차이가 날 수밖에 없다.

직원들은 출근을 하면 일을 하겠지만, 무슨 일을 해야 하는지도 모르고 닥치는 대로 일을 하는 것과 계획대로 일을 하는 것은 생산성에서 차이가 나게 되어 있다. 그렇기 때문에 회사에 출근하는 모든 직원들, 경영진, 팀장, 사원들은 모두 자기들 나름대로 시나리오를 매일같이 작성해야 한다.

② 시나리오의 스케일이 큰만큼 성장한다

드라마는 촬영이 이루어지는 공간에 따라 스케일이 달라진다. 주로 안방에서 진행되는 드라마가 있고, 해외 로케이션 등을 통해 볼거리를 풍부하게 제공하면서 박진감 넘치게 진행되는 경우도 있다. 시청자는 당연히 볼거리가 많은 드라마에 시선이 가게 되어 있다.

기업도 마찬가지다. 해마다 작성되는 사업 규모를 전년 대비 10~20%의 신장률로 잡는 것보다, 과감하게 30% 혹은 그 이상으로 높게 잡고 직원들로 하여금 도전하게 만드는 것이다. 목표를 크게 잡으면 생각과 행동이 달라진다.

③ 기업에서의 시나리오는 완성이 없다

드라마는 행복한 결말이든 슬픈 여운을 남기든 어쨌든 끝이 있지만, 기업의 드라마는 끝이 없이 매일 이어져야 한다. 시나리오가 부실했거나 구성원이 제 역할을 하지 못해 부도가 나는 사태를 막기 위해 기업은 매일매일 훌륭한 시나리오를 계속 써야 하고, 모든 구성원들은 자기 역할에 최선을 다해서 기업이 튼튼하게 계속 성장할 수 있도록 해야 한다

협조가 안되는 것은 내 탓이다

사업이란 양쪽 모두에게 이익을
주는 것이 아니면 오래 가지 못한다.

오쿠라 기하치로

일을 하다 보면 스스로 할 수 있는 일과 남의 도움을 받아야만 진행
되는 일이 있다. 스스로 하는 일은 일의 과정에서 결과까지 전적으로
자신의 책임이기에 일이 잘못되어도 누구를 탓하거나 핑계를 댈 수
없으며, 일이 잘 되었을 때의 보람도 혼자만의 것이기에 성취감이 클
것이다. 그러나 직장에서 일을 하다 보면 혼자 일을 진행해서 결과를
얻는 일이 그리 흔하지 않다.

직장에서의 일은 관계부서와 협의를 거치거나 협조를 해야 진행되
는 일이 많다. 개발 입장에서 보면 영업에서 신규 모델 개발 의뢰가
있어야 하고, 품질에서 신뢰성 승인을 받아야 한다. 영업 입장에서 보
면 개발에서 신규 모델 개발을 빨리 완료시켜야 하고, 생산에서는 납

기에 맞춰서 양산을 해주어야 한다. 생산 입장에서 보면 영업에서 거래선으로부터 주문을 받아와야 하고, 구매에서는 양산용 자재가 제때에 입고되어야 한다.

직장에서는 이렇듯 모든 부서가 전후좌우로 상호 연관되어 있다.

커넥터 자재창고

거래선과 바이어도 마찬가지이다. 벤더 등록을 목표로 한 회사의 등록 업무를 진행하는 것이나 거래선의 신규 모델 개발권을 따오는 것도 상대방이 승인을 하거나 동의를 해주어야 일이 진행된다. 그러다 보니 일이 잘 진행되지 않고 있을 때 자주 나오는 이야기가 상대방과의 협조가 잘 안된다는 것이다.

일이 제대로 진행되지 않을 때 남의 문제로 돌려 책임을 회피하거나 핑계를 대는 것은 매우 잘못된 행동이다. 거래선이나 관계부서에서 협조를 안 해줘서 일이 진행되지 않는 것은 남의 문제가 아니고 나의 문제이기 때문이다. 백화점에서 물건이 팔리지 않으면 판매사원에게 문제가 있는 것이지 고객에게 문제가 있는 것이 아니지 않은가. 일을 진행하기 위해서는 자신의 일을 하는 것은 물론이고, 관계부서나 거래선도 직접 설득해서 협조를 얻어내야 할 책임이 있다. 그렇게 하는 사람이 능력이 있고 일을 할 줄 안다는 평가도 받게 된다.

남의 핑계를 대는 것만큼 어리석고 무능한 일도 없다. 영업부 직원이 특정 거래선에 대해 벤더 등록을 시도했다가 진행이 되지 않았을 때 통상적으로 하는 이야기가 있다. 들어 보면,

① 거래선이 더 이상의 벤더가 필요 없다고 한다.
② 거래선 직원들이 너무 완고하고 폐쇄적이다.
③ 우리 회사의 브랜드가 약하다.
④ 우리 회사 제품이 경쟁력 없다는 내용이다.

이처럼 여러 가지 이유를 들지만, 정작 자신의 무능력은 이야기하지 않는다.

일이 진행되지 않는 가장 중요한 이유는 바로 담당자에게 있다. 일의 진행 과정에서 핑계를 대서는 안 되며, 그 시간에 협조를 요청해 일을 풀어 나가야 한다. 상대가 사내 관계부서든 거래선의 직원이든 상관없다. 열 번, 백 번이라도 만나 이해를 구하고 설득을 시켜 일이 진행되도록 스스로 만들어 나가는 사람이 유능한 직원이다.

영업의 달인의 되려면

기업을 경영하는 것은 영업을 잘하는 일이기도 하다. 훌륭한 상품을 개발해서 생산을 하는 것도, 경쟁력 있는 외관을 디자인하는 것도, 고객에 대한 최상의 서비스와 마케팅을 하는 것도, 결국은 궁극적으로 영업을 잘하기 위해서이다.

모든 것을 완벽하게 갖추었는데도 불구하고 일선에서 고객을 맞이하는 영업사원에게 문제가 있다고 하면 회사로서는 이만저만 손실이 아니다. 설령 다른 조건이 다소 미흡하더라도 영업사원이 적절하게 대응한다면 어느 정도 부족한 점을 만회할 수 있다.

영업인의 중요성에 대해서는 모두가 인식을 해야 하며, 가능하면 회사의 모든 영업사원이 영업의 달인이 되어야 한다. 영업의 달인은 어느 날 갑자기 생기는 것이 아니다. 많은 시간과 노력, 경험을 통해서 익히고 배워서 터득해야 하는 것이다. 20년 넘게 영업에 종사한 경험에 비추어 영업의 달인이 되기 위한 조건을 소개하고자 한다.

① 정직이 최고의 무기

인간은 누구나 정직해야 한다. 그럼에도 불구하고 한번 더 강조하는 것은, 영업이 업무의 특성상 많은 사람을 상대하는 것이기 때문이다. "발 없는 말이 천리 길을 간다"고 했듯, 사람들의 입소문이 빠르다. 사정이 딱해서 거짓말을 한다면 금세 소문이 퍼져 신뢰를 잃게 된다.

사람들은 믿음이 가지 않는 사람을 가까이 하지 않을 뿐만 아니라, 다른 사람들에게도 "그 사람 못 믿을 사람"이라고 전달하게 된다. 사람을 신뢰할 수 없는데, 그 사람이 파는 상품을 신뢰할 수는 없는 일이다. 아무리 급하고 어렵다고 하더라도 거짓말은 절대 하지 말아야 한다. 말은 할수록 거칠어지고, 가루는 칠수록 고와진다. 정직이 최고의 무기다.

② 고객 앞에서는 항상 겸손해야

아무리 유능한 영업인이라도 소비자보다는 덜 현명하다. 박사학위를 몇 개나 갖고 있는 영업사원이라도 상대방이 물건을 구입해 주지 않으면 그 학위는 의미가 없다.

고객 앞에서는 항상 겸손해야 한다. 유식한 척해서 고객의 심기를 불편하게 만들어서는 안되며, 고객의 말이 항상 옳다고 생각하면 된다. 고객과 논쟁을 해서 내 말이 옳다고 우기는 사람이 있다면, 그 길로 영업부를 떠나야 한다. 고객을 왕처럼 받들어 대화는 물론이거니와 행동 하나하나에까지 예의를 갖추어서 지극정성으로 모셔야 한다.

대나무가 왜 매듭이 있겠는가? 매듭 없이 자란 대나무가 하늘을 찌를까 봐서 창조주가 매듭을 만든 것이라 한다. 겸손하게 살면 자다가도 떡이 생긴다.

③ 지속 되는 인맥이 많아야

영업자는 자사의 상품을 많은 사람에게 팔아야 한다. 그러기 위해서는 가급적 많은 사람들과 좋은 관계를 유지하고 지내는 것이 크게 도움이 된다.

영업사원들 중에는 어느 회사의 누구를 잘 알고 있다며 자랑을 하는 사람들이 간혹 있다. 하지만 시일이 지나고 보면 그저 이름 정도만 알고 있다는 것이지, 정작 상대는 이쪽에 대해 별로 친근감도 없을 뿐더러 업무 협조는 생각조차 안 하고 있는 경우가 있다.

어떤 인연으로 상대방을 알게 되면 그 후에도 최대한의 정성과 관심으로 상대방에게 호감을 주도록 해야 한다. 안면을 튼 후 아무 연락도 없다가 필요할 때만 찾는 사람을 누가 좋아하겠는가. 사람을 많이 알고 올바른 처신을 한다는 것은 결코 쉽지 않은 일이지만 반드시 필요한 일이다.

"수양산 그늘이 강동 팔십 리에 미친다"고 했다. 큰 나무 아래서는 작은 나무가 햇빛이 부족하여 자랄 수가 없지만, 큰 사람 밑에서는 그 사람 덕분에 많은 사람들이 더불어 살아갈 수 있다. 영업인의 인맥은 강동 팔십 리를 지배하는 수양산이 될 수 있다.

④ 대화 가능한 지성을 갖춰야

상대방을 만나게 되면 대화를 나누게 되는데, 그러려면 상대방의 눈높이에 맞출 수 있어야 한다. 막상 만나서 대화를 하는데 상대와 눈높이가 안 맞아서 대화가 이루어지지 않는다면 다음에는 만남을 기피하게 된다. 따라서 상품 지식이나 일반 상식, 시사 정보에 관련된 내용들은 어느 정도 이론적인 지식을 포함한 기초적인 내용 정도는 알고 있어야 한다. 매달 한 권의 책은 읽어야 정보화 시대에 같은 대열에 서서 대화를 나눌 수 있다.

⑤ 포기하지 않아야

요즘은 수요에 비해 공급이 넘
쳐 나는 시대이기에 영업 하기가
더욱 어렵다. 영업사원들 중에는
한두 번 영업을 시도해 보다가 상
대방이 난색을 표하면 금방 포기
하는 사원이 있다. 참으로 무능하
고 의지력이 없는 사람이다. 나는

커넥터 완제품 창고

평소에 "영업에서 불가능은 없고 단지 시간이 걸릴 뿐이다."라고 말
한다. 열 번 찍어서 안 넘어가는 나무가 없고, 지성이면 감천이라고
했다. 영업인은 절대 포기하지 않아야 하며, 꼭 성공하고야 말겠다는
의지력이 있어야 한다.

창업을 한 모든 기업이 다 성공하는 것은 아니다. 많은 기업이 어려
움을 겪거나 실패를 하고 있다. 영업의 달인이 부족해서다. 영업에 몸
담고 있는 직원들은 회사의 운명을 개척해 나간다는 사명감을 갖고
철저한 영업의 달인이 되어야 한다.

개선은 매일매일 숨쉬듯이

날마다 하던 방식대로 하고 있다면
그건 확실히 잘못된 것이다.

찰스 케터링

2008년 하반기부터 불어 닥친 글로벌 금융 위기의 한파는 국내의 전 산업을 불황의 늪에 빠뜨렸다. 소비가 정상적으로 이루어지지 않으니 재고가 쌓이고, 재고가 쌓이니까 생산이 감소하거나 중단되고, 생산 물동량이 줄어드니까 생산 인원을 줄이는 불황의 악순환이 반복되고 있다. 소비를 촉진하기 위해 자동차 회사는 수백만 원씩 할인을 해주기도 하고, 정부에서는 최고 250만 원 정도의 세금을 감면해 주겠다고 한다.

판매가 부진하기는 전자제품도 마찬가지다. 전자제품은 불황과 관계없이 출시하면서부터 가격이 내려가는데, 우리 회사에서 생산하는 부품은 전자제품에 사용되는 것이기 때문에 마찬가지로 납품 단가가 내려갈 수밖에 없다. 연평균 10~20% 정도는 내려간다고 볼 수 있는데, 정작 부품을 만들기 위한 원료인 금, 은, 동, 니켈, 구리, 레진 등은 국제 시세에 따라 단가가 올라가기도 한다. 인건비 또한 매년 상승하기 마련이다. 이쯤 되면 개선이 필요하다는 것은 다들 알 수 있는 사실이다.

개선은 가끔 생각날 때 하는 것도 아니고, 여유가 생기면 하는 것도 아니다. 매일매일 호흡하듯이 항상 이루어져야 한다. 최근에 필자가 실시하고 있는 개선 사항을 사례로 들어본다.

현장 간부 조립실 1일 3회(오전 · 오후 · 저녁) 순찰 교육

조립실에서 근무하는 직원은 주간 30명, 야간 30명인데, 주 · 야간에 근무하는 직원들 중 4명씩이 입사한 지 한두 달밖에 안 되는 신입사원들이다. 이들은 조립기, 비전기 등 각종 설비에 대한 이해가 부족하기 때문에 이들을 위해 간부 직원 세 명이 각각 하루에 한 시간씩 현장 교육을 실시하기로 했다. 자기가 하는 일을 제대로 모르고 있으면 불량을 양산해도 확인할 수가 없기 때문이다.

협력업체 인프라 구축

우리 회사는 지난 5년간 해마다 두 배씩 성장했고, 앞으로도 지속적인 성장 계획을 갖고 있다. 이런 계획에 따라 생산 물동량을 맞추려면 주요 아이템별로 미리미리 업체를 파악해 두어야 중요한 시기에 필요한 원자재를 확보하지 못해 생산에 차질을 빚는 사태를 방지할 수 있다. 협력업체를 물색하다 보면 자연히 협력업체를 통해 관련 분야의 신기술이나 품질에 관한 정보도 얻을 수 있고, 구매 단가의 적정성도 파악할 수 있다.

과장급 이상 토요일 오전 근무

글로벌 시장은 물론이거니와 국내 시장도 침체를 면치 못하고 있는 상황에서 중간 관리자급 이상은 위기의식을 가져야 한다. 우리 회사는 주 5일 근무제를 시행중이지만, 경제위기 속에서 회사를 구하고 생산성과 회사 경쟁력을 갖추기 위해 한시적으로 토요일 오전 근무를 하기로 결의했다.

품질팀 07:40 간부회의

품질의 중요성에 대해서는 새삼 강조할 필요가 없다. 품질이 뒷받침 되지 않고서는 사업 자체가 불가능하기 때문에 품질팀 간부 직원은 다른 팀보다 일찍 출근해서 40분간 제조 현장, 납품업체의 원자재, 필드에 나타난 고객사의 품질에 이르기까지 다양한 사안의 원인과 대책에 대해서 의견을 나눈다.

전 사원 24시간 이용 가능한 인터넷 교육

우리 회사는 매일 아침 조회 시간 10분 동안 교육을 실시하며, 팀장이나 간부사원을 통해 전 사원에게 작업과 품질에 관한 교육을 하고 있다. 하지만 이것만으로는 부족하다고 생각하여 언제 어디서나 교육을 받을 수 있도록 인터넷을 활용하고 있다.

1층 복도에 플랜카드 부착

1층 복도의 긴 공간을 활용해서 직원들의 정신 자세를 바로잡고 각오를 다질 수 있는 내용의 플랜카드를 제작하여 부착한다. 이를 통해 직원들이 항상 흐트러짐 없이 건전한 생각과 행동으로 직무에 충실할 수 있도록 안내한다.

개선 분야가 따로 정해져 있는 것은 아니다. 궁극적으로 회사의 발전과 경쟁력에 도움이 된다면 모든 것이 개선 대상이 된다. 그 중에서도 가격 경쟁력을 갖추기 위해 절실하게 필요한 분야를 세 가지로 구분해 보자.

1) 생산성 향상

우리 회사의 생산은 크게 자동 설비에 의한 조립과 검사 공정으로 나눌 수 있다. 기존의 생산 및 업무 방식과 별개로 특정 공법이나 시스템에 변화를 주어 생산량이나 업무 효율을 증가시키고 단위시간당 생산량을 늘림으로써 개당 제조원가를 낮출 수 있도록 해야 한다.

2) 불량률 감소

가끔 앞으로 남고 뒤로 밑진다는 얘기를 들을 때가 있다. 눈에 보

커넥터 사출공정

이는 매출은 늘어나는데 불량으로 인한 손실 처리와 클레임 비용이 같이 늘어나면 회사는 그만큼 힘들어지게 된다. 가뜩이나 납품 단가가 떨어지고 원자재 값과 인건비는 올라가 경쟁력 확보가 어려운데, 불량 때문에 손실 비용까지 생기게 해서는 안된다.

3) 원가 절감

판매단가의 60~70%는 순수 원자재 값이다. 가격 경쟁력에서 제일 중요한 부분이 이 60~70%를 차지하고 있는 원자재 부분이란 얘기다. 이 부분을 제대로 공략하지 않고서는 가격 경쟁에서 이길 수 없기에, 개발 담당자와 구매 담당자는 구매 거래선과 대체 원자재에 대해 최고의 노하우를 확보해야 한다.

모든 직원이 위와 같이 다방면에서 관심을 가지고 개선에 앞장선다면 어떤 어려움이나 위기가 닥친다 해도 어려움이 없이 회사를 지켜나갈 수 있을 것이다.

스케줄 표를 작성하자

준비에 실패하는 것은
실패를 준비하는 것이다.

데일 카네기

어떤 직장이든 출근해서 퇴근할 때까지의 시간은 대개 비슷하다. 그러나 똑같이 주어진 하루를 어떻게 보내느냐에 따라서 업무의 효율은 크게 달라진다. 그렇기 때문에 주어진 시간을 알차게 보낼 수 있도록 계획을 짜야 하고, 그렇게 하기 위해서는 사전에 치밀한 준비가 필요하다.

1시간은 어떤 일이든 할 수 있는 최소의 단위 시간이라고 볼 수 있다. 어떤 회의라도 한 시간 정도면 마무리할 수 있고, 고객이나 직원과의 상담도 보통 한 시간이면 끝난다. 그러니 하루의 스케줄은 한 시간 단위로 짜는 것이 좋다.

일간 스케줄 표

일간 스케줄 표는 보통 아침 회의, 직원 업무 파악, 기본 업무 처리, 각종 보고서 작성, 결재 또는 부서간 업무 조율 등의 항목으로 이루어질 것이다. 이러한 항목들을 1시간 단위로 스케줄 표에 기록해 놓고 업무를 처리해 나가야 누락되는 업무 없이 효율적으로 처리할 수 있다.

닥치는 대로 업무를 진행하는 것은 나쁜 습관이다. 이렇게 일을 하면 한두 가지 업무에 얽매이게 되고, 그러다 보면 효율도 떨어지고 꼭 처리해야 할 업무가 누락되는 경우가 생긴다.

일간 스케줄 표에는 부하직원의 업무 파악 시간도 배정해 부하직원들도 일간 스케줄 표에 의해 업무를 처리하고 있는지 파악해야 한다.

예전 직장에 있을 때, 과장 한 사람이 일이 많고 바빠서 고객과의 미팅도 어렵고 부서간 회의도 참석이 어렵다고 항상 불만이었던 적이 있다. 그래서 간부들간에 업무 조율도 하고 필요하면 충원도 해줄 겸 과장급 이상을 모아 놓고 스케줄 표를 작성하게 했다. 그런데 바쁘다고 불만이었던 과장의 스케줄 표를 작성해 나가다 보니, 네 시간을 기록한 후에 더 이상 기록할 업무가 없는 것이다. 간부들 앞에서 할 말도 없고 체면도 안 서게 된 그 과장은 결국 회사를 떠나고야 말았다. 이런 불상사를 미연에 방지하기 위해서라도 스케줄 표를 작성해 업무를 효율적으로 처리해 나가야 한다.

주간 스케줄 표

주간 스케줄 표에는 월요일부터 토요일까지의 주요 스케줄을 기록한다. 약속이 잡히면 요일별로 빠짐없이 철저히 기록하고, 약속을 할 때는 반드시 스케줄 표를 보면서 약속이 겹치지 않도록 하여 어떠한 경우라도 약속한 사항이 누락되지 않도록 신경을 써야 한다. 혹시라도 스케줄 표가 없는 상태에서 약속 제안이 들어오면 약속을 확정짓지 말고 스케줄 확인 후 다시 연락하겠다고 공손하게 말하도록 하자. 회사 업무도 마찬가지다. 각종 회의, 각종 보고, 고객과의 약속 등과 같이 시간이 정해진 업무는 미리 스케줄 표에 기록해 두고 업무를 처리해 나가도록 한다.

월간 스케줄 표

1개월은 연간 사업 목표를 실행할 수 있을 정도의 중요한 기간으로, 모든 기업이 1개월 단위로 주요 실적 계획을 잡고 실행해 나간다. 기업이건 개인이건 1개월을 알차게 보내는 것과 그렇지 않은 경우를 비교해 보면 1년의 실적 차이가 크다.

한 달 스케줄을 잡을 때는 전년도 동월의 스케줄 표를 참고한다. 큰 행사라면 대개 전년도와 비슷하게 잡히기 때문이다. 비교적 큰 행사나 사전에 여유가 있는 행사는 한 달 전부터 스케줄이 잡힐 수 있는데, 이런 경우 모두 월간 스케줄 표에 기록해 둔다. 그 후에 주간 스케줄 표에 의해 발생되는 행사나 계획은 그때그때 갱신하면 된다.

스케줄 표 작성과 관리도 일종의 습관이다. 이는 해도 그만 안 해도 그만인 것이 아니라, 직장생활을 성공적으로 실천해 나가기 위해 반드시 필요한 습관이다. 성공적인 삶을 살고 싶다면 우선 스케줄을 관리하는 습관을 들이도록 하자.

정보가 생명줄이다

사람들은 흔히 내 일이 바쁘고 귀찮다는 이유로 남의 이야기를 소홀히 한다. 하지만 정보는 크게는 사업의 방향을 바꿀 수도 있고, 때로는 일의 흐름을 변경시킬 수도 있을 만큼 매우 중요하다. 소위 '정보화 시대'에 정보가 없이는 기업 활동 자체가 불가능한 것이 현실이다.

팀간의 업무 조율 문제나 직원들의 신변 문제에 이르기까지, 정보를 사전에 알았더라면 잘 대처할 수 있는 일을 그렇지 못해 손을 쓸 수 없게 되는 경우가 허다하다.

스스로 정보에 대해 어떤 생각을 가지고 있는지 다시 한 번 점검해 보고, 그 중요성에 대한 인식을 가다듬어 보자.

① 팀 상호간의 정보 공유

회사 일은 특정 팀만 앞서간다고 해서 빨리 진행되는 것이 아니다. 각 팀이 모두 보조를 맞춰나가야 일의 원만한 결과를 볼 수 있다. 서로 보조를 맞춰 나가기 위해서는 팀별로 관계 팀에서 어떤 일이 진행되고 있는지 파악하고 있어야 한다.

개발팀에서 A라는 모델의 개발이 진행되고 있다고 하자. 그러면 품질팀에서는 개발 스케줄에 맞추어 품질 체크를 준비해야 하고, 생산팀은 영업에서 물동량을 받아 양산 시스템을 갖추어야 하며, 구매팀은 협력업체로부터 필요한 분량의 원자재를 구입할 수 있어야 하고, 총무팀은 필요한 인력을 확보할 수 있도록 준비해야 한다. 모든 일이 순조롭게 이루어지려면 각 팀이 맡고 있는 일의 진행 상황을 파악하고 있어야 하는 것이다.

간혹 직원들에게 "어떤 일을 아느냐?"고 물으면 "잘 모른다"고 대답하고, "어떤 것을 보았냐?"고 물으면 "못 보았다"고 대답할 때가 있다. 어떤 사안에 대해 "들은 바가 있느냐?"고 물으면 또 "못 들었다"고 대답한다. 모르고, 못 보고, 못 들었다는 대답을 아무렇지도 않게 할 수 있다는 것이 문제다.

직원들은 팀 상호간에 일어나고 있는 일들에 대해 정보 공유가 되지 않는 것이 문제라는 인식을 가져야 한다. 그리고 앞으로는 정보 공유가 될 수 있는 방안을 찾아야겠다는 각오가 있어야 한다.

② 고객사의 현황 파악

하루가 다르게 변하는 세상 속에서 변화의 흐름을 놓치고 변화에 합류하지 못한다는 것은 곧 기업이 치명타를 입게 된다는 뜻이다. 직원들은 언제나 고객사의 상품 동향이나 원자재의 변화, 벤더의 동향, 개발 추이, 직원들의 인사이동, 보직 변경 등의 각종 정보에 촉각을 곤두세우고 있어야 한다. 이런 정보를 한시라도 놓쳐서는 안 되며, 이 정보들을 회사의 사업 방향과 정책에 반영할 수 있도록 해야 한다. 정보 수집과 대응이 빠를수록 경쟁력을 갖추게 되고, 늦을수록 경쟁력을 상실하게 된다.

③ 귀가 열려 있어야 하고 발이 넓어야 한다

정보는 기업에게 공기와 같다. 정보가 없으면 기업은 죽은 목숨이나 다름없다. 공기를 얻기 위해서 특별히 노력하는 사람은 없겠지만, 기업이 정보를 얻기 위해 특별한 노력을 기울이지 않는다면 그 기업은 곧 사라질 운명에 놓이게 된다. 정보를 얻기 위해서는 직급을 가리지 않고 항상 귀를 열어 두고 발품을 팔아야 한다. 정보는 뛰는 만큼 주어지기 마련이다.

고객에게 다가가는 방법

"웃는 낯에 침 못 뱉는다"고 했다. 아무리 상대방이 밉살이거나 얄미워도 미소를 머금고 있는 얼굴에는 험한 소리를 할 수 없다는 뜻이다. 고객도 마찬가지다. 아무리 어려운 문제가 있고 기분 나쁜 일이 있더라도 가까이 다가서야 한다. 자주 만나다 보면 언제 문제가 있었냐는 듯 풀리는 경우가 있는데, 껄끄럽다고 만나지 않다 보면 영영 멀어지게 되는 것이다.

요즘은 만나는 방법도 다양하다. 직접 찾아뵙고 인사를 나누는 경우도 있겠지만 인터넷과 통신이 발달해 세상 어디에 있어도 소통에는 별 문제가 없다. 하루에도 몇 번씩 휴대폰이나 이메일을 확인하지 않으면 마음이 안정되지 않을 정도로 휴대폰이나 이메일은 우리의 일상

생활이 되었다. 그런데 이런 것들이 자칫 스팸이나 골칫덩어리로 취급 당할 수가 있다. 메시지를 보내는 데만 의의를 두고 정성과 마음을 담지 않았기 때문이다.

겉치레 인사를 좋아할 사람은 아무도 없다. 정성껏 고객에게 다가서는 방법을 알아보기로 하자.

① 평소에 자주 연락하자

눈에서 멀어지면 마음도 멀어진다고 했다. 그러니 비즈니스 관계에 있는 고객과는 평소에도 자주 연락을 취해야 한다.

내가 알고 있는 어느 업체 사장은 "물동량이 늘어나니까 뻔질나게 찾아오더니만 물동량이 감소하니까 코빼기도 비추지 않는다"고 얘기한 적이 있다. 사업을 하다 보면 물동량에 기복이 있을 수 있다. 시장 환경에 따라서 어느 모델은 잘 팔리고 어느 모델은 단종이 되고 또 평소에 판매가 부진하던 모델이 갑자기 뜨는 경우도 있다. 긴 세월을 놓고 보면 물동량은 많은 변화를 겪는다. 이를 이해하지 못하고 고객을 단지 물동량의 많고 적음에 따라서 대한다면 정작 도움이 필요할 때 외면당하는 것이 당연한 이치다.

② 사내에서 고객의 정보를 공유하자

기업체나 어느 조직에서 특정한 사람만이 특정 고객을 알고 지낸다면 그것은 결코 기업체나 조직의 자산이 될 수 없다. 인적 정보를 알고 있는 사람이 이직이나 퇴사를 하게 되면 그것으로 그 고객의 정보를 잃고 인연도 끝나 버리는 것이다.

그렇기 때문에 첫 미팅일 때는 가급적 관계자와 함께 참석하는 것이 좋고, 사장이나 관리자들은 이런 사실을 직원들에게 주지시켜야 한다. 출장이나 외출을 나가서 미팅을 하고 돌아오는 경우에도 미팅에서 받은 명함을 복사해 관계자들과 공유해야 한다. 회사의 자산은 고객이기에, 고객의 정보를 특정인만 관리하도록 해서는 안된다.

③ 직원들과 고객의 교류 점검

평소 한번도 찾지 않던 고객사 관계부서 직원을 클레임 발생 통보를 받고 처음으로 찾아가 인사를 하고 일을 보는 경우가 있는데, 이는 참으로 성의 없고 무책임한 일이다.

클레임도 사실 어느 정도는 예견할 수 있는 일이다. 제품이 불량은 아니지만 평상시와는 다소 다른 현상이 나타날 수 있는데, 사전에 긴밀하게 연락을 주고받는 사이라면 이럴 때 정보를 전달받을 수 있고, 그러면 일이 크게 벌어지기 전에 찾아가서 확인도 하고 대처도 할 수 있다.

담당자가 평소 고객과 진솔한 교류가 있었다면 대화로도 얼마든지 해결할 수 있는 일들을 교류를 소홀히 한 탓에 힘들게 풀어나가게 되는 것이다. 관리자들은 영업, 개발, 생산, 품질 부서 등 고객과 대화를 나눌 수 있는 관계부서 직원들에 대해 주, 혹은 월 단위로 고객과의 교류 내용을 양식을 통해서 점검해야 한다.

리더의 자질

힘으로서 사람을 복종시키지 말고
덕(德)으로서 사람을 복종시켜라. .

맹자

    기업은 여러 조직으로 나누어져 있지만 공동의 목표를 향해 노력하고 있다. 이 조직들을 이끌어나갈 수 있는 역량이 있는 사람이 리더가 된다. 한 조직의 성공과 실패를 좌우할 수 있는 중요한 사람인 리더는 하루아침에 만들어지지 않는다. 조직은 여러 직급으로 구성되기 마련이고, 리더는 신입사원 시절부터 단계별로 과정을 거쳐 커가게 된다.

    한 조직의 최종 리더가 되기까지, 소속 구성원들에게는 다 똑같이 기회가 주어진다. 리더는 처음부터 정해져 있는 것이 아니라 누구에게나 주어지는 공평한 기회를 통해 리더로서의 역할을 조금씩 쌓아가는 것이다.

    그런데 리더의 길에서 배제되었다고 생각하는 사람들은 조직에 남아 있을 희망이 없어지게 된다. 더 이상 '클 수 없다'는 생각이 들면 누가 그 조직에 남아 있으려고 하겠는가. 따라서 리더는 조직 구성원에게 누구나 리더가 될 수 있다는 희망을 주어야 하며, 전체 직원을 눈여겨보고 그 중에서 새로운 리더를 발굴해 양성해야 한다.

차세대 리더를 꿈꾸는 사람들은 남다른 노력을 기울여야 하며, 다음의 사항을 유념하는 것이 좋다.

① 정직과 성실을 바탕으로 한 신뢰

다른 이가 믿고 따를 수 있는 사람만이 리더가 될 수 있다. 아무리 탁월한 능력을 지녔더라도 부하직원들의 신망(信望)을 받지 못하면 조직의 목표를 달성해 나갈 수 없다.

리더가 갖추어야 할 보편적이면서도 중요한 가치가 정직과 성실이다. 신뢰는 하루아침에 형성될 수 있는 것이 아니기에 정직과 성실을 바탕으로 신뢰를 쌓아 나가야만 부하직원들이 믿고 따를 수 있는 리더가 된다.

② 합리적이고 논리적이어야

리더는 자신이 알고 있는 사실을 부하직원에게 설득력 있게 설명해 줄 수 있어야 한다. 업무 내용이 정확히 파악이 안 되었거나 이해가 덜 된 상태에서 밀어붙이거나, 틀린 사항에 대해 자기 방식대로 고집을 피운다면 부하직원들이 어떻게 생각하겠는가.

리더라고 모든 것을 다 알 수는 없겠지만, 낯선 일이나 새로운 일을 대할 때 매사 합리적이고 논리적으로 대한다면 부하직원들은 주저 없이 동참하고 뒤따를 것이다.

③ 인간적이어야

사람들이 모인 곳에는 사람 냄새가 나야 한다. 회사에 그저 일만 있고 인간미가 전혀 없다면 숨이 막히고 답답해서 이탈자가 생겨날 수밖에 없다. 따라서 리더는 부하직원들의 일만큼이나 개인 신상에 대해서도 관심을 가져야 한다. 그렇게 해서 모든 구성원들이 조직에 정을 붙이고 솔선해서 업무를 챙겨 나갈 수 있는 분위기를 조성하는 것이다. 일보다는 사람을 먼저 챙길 수 있는 리더가 되어야 한다.

제6장

경쟁력은
생산현장에서 나온다

미래는 자신들의 꿈이
아름답다고 믿는 사람들의 것이다.
_ 엘리노어 루즈벨트

제조업의 심장부는 생산현장이다.
생산현장이 제대로 운영되지 않고서는 경쟁력을 갖추기가 어렵다.
무엇보다 요즘 트랜드는 경쟁력이 대세다. 생산 현장도 경쟁력을 갖추어야 한다.
과거 방식에 얽매여서는 발전할 수가 없다.
생산방식. 생산현장관리방식. 생산 전후에 일어나는 일들에 대해서도
분명하게 처리하고 완벽하게 마무리를 짓도록 변화를 가져와야 한다.
경쟁력이 없는 생산현장으로서는 살아남기가 어렵다.

사업목표 달성

　해마다 연말쯤이면 각 회사마다 또는 사업부별로 익년도에 대한 사업계획서를 작성한다. 내년도 살림살이를 어떻게 해나갈것인가에 대한 계획을 각팀별로 작성을 해서 전체적으로는 회사단위 또는 사업부단위로 확정짓게 된다. 매년 이와 같은 행위를 반복함으로써 회사의 생명체를 건전하고 발전적으로 운영해 나가기 위해서는 기필코 사업목표를 달성해야 한다는 사명감이 있어야 한다.

　직원들은 일반적으로 사업계획서를 작성할 때는 모든 것을 다 달성할 수 있을 것 같고, 또 달성해야 한다고 생각을 한다. 그러나 막상 새로운 연도가 시작되고, 새로운 달을 맞이해서 생산에 임하다 보면 전년도에 작성해놓은 사업계획서는 어느새 파일철에 들어가 있고, 현실의 실적에 적당히 타협해 가려고 하고 있다. 무슨 이유 때문에 생산이 덜 되고 무슨 이유 때문에 계획이 변경되고… 등 변명거리를 찾기에 급급해 한다.

예를 들어 생산팀에서는 연간, 월간, 주간, 일일 목표치가 주어지게 마련이다.

주요 항목을 보면

① 생산계획 달성율
② 재고금액 관리
③ 공정 불량율
④ 출하검사 불량률
⑤ 손실비용 관리
⑥ 원가절감 목표

등으로 나타낼 수 있는데, 이러한 목표치에 대해서는 전 팀원이 공유를 해야되고, 반드시 목표는 달성해야 한다는 사명의식을 갖도록 해야 한다. 하는 데까지 해봐야 한다가 아니고, 기필코 달성해야 한다는 의식을 가져야 한다는 것이다. 팀장, 파트장, 팀원에 이르기까지 목표에 대한 내용을 숙지하고, 가끔은 목표의 숙지 여부를 확인해 볼 필요가 있다.

일을 하다 보면 목표를 초과 달성할 수도 있고, 목표를 달성 못할 수도 있다. 그러나 항상 목표대비 실적이 어떠하다는 식으로 알고 있어야 하고, 다음 기회에는 꼭 목표를 달성해야겠다는 마음가짐을 갖도록 유도해야 한다.

생산성 향상

충분히 생각하고 계획을 세우되
일단 계획을 세웠거든 꿋꿋이 나가야 한다.

레오나르도 다빈치

　제조업에서 가격 경쟁력을 가지기 위해서는 원부재값을 얼마나 싸게 구입할 수 있는가, 단위시간당 생산성을 얼마나 올릴 수 있는가로 나눠볼 수 있겠다. 원부자재 구입은 구매 · 자재파트에서 해야 할 업무이고, 생산성 향상은 생산팀에서 해야할 주요 업무이다. 가격이 같은 원부자재를 사용한다고 하면 가격 경쟁력은 생산성에 의해서 결정되어진다.

① 생산성 관리

　모든 직원이 단위시간당 똑같은 양의 생산을 하지는 않는다. 어떤 직원은 좀더 많이 생산할 수도 있고, 어떤 직원은 좀더 적게 생산할 수도 있다. 이렇듯 불규칙적이고, 체계적이지 않은 생산관리로는 직원들의 생산성을 올리기가 어렵다. 1일 생산계획에서 시간당 얼마를 생산할 것인지 목표치를 정해주고 1일단위, 주간단위, 월단위로 점검해가면서 생산 목표치를 계속 상향관리 해야 한다.

대개는 설비별로 CAPA가 정해지는 경우도 있다. 설비 CAPA도 시간의 흐름에 따라 상향조정을 해야 한다. 사람이고 기계설비이고 간에 숙달이 되어가면서 생산물동량을 늘려나가도록 관리하여야 한다.

② 집중근무

생산성을 올리기 위해서는 정해진 시간에 얼마나 집중해서 일을 하느냐도 중요한 요소이다. 근무시간 중에 휴대폰을 사용한다거나, 옆 동료하고 잡담을 한다거나, 수시로 자리를 이탈하는 행동을 한다고 하면 생산효율은 감소될 수밖에 없다.

관리자들은 현장 직원들이 일할 수 있는 분위기를 만들어줘야 하고, 현장 직원들은 오로지 생산활동에만 전념할 수 있도록 해야 한다. 산만하게 일하는 현장은 생산성도 오르지 않겠지만, 자칫 불량도 쉽게 발생할 수 있다. 오로지 근무시간에는 모두가 긴장하는 습관을 가져야 한다. 긴장하는 상태에서 일을 하게 되면, 생산성도 오르고, 불량도 나지 않을 것이다.

③ 미입자재 방지

한창 라인의 흐름을 타고, 생산이 잘되고 있는데, 미입자재가 발생되고 나면 완전히 분위기를 망치게 된다. 이럴 때는 라인별로 비상벨이 울리게 한다거나, 빨간 경고등이 켜지게 하는 경우도 있는데, 물론 이때는 이미 생산라인에 문제가 발생되고 난 후의 일이다. 따라서 적어도 1일 전에는 다음날 생산계획에 의거해 생산할 원부재가 다 입고되었는지를 확인해야겠다. 자재팀은 자재팀대로, 생산팀은 생산팀대로 확인해야 한다.

물론 문제가 노출될 시에는 긴급으로 준비가 될 수 있도록 해야 한다. 그렇게 하기 위해서는 자재팀에서 납품업체 관리를 철저히 해야겠고, 특히나 불량 원부재가 입고 되지 않도록 품질관리에도 만전을 기해야 한다.

④ 생산설비의 예방보전

필자가 군대생활을 할 때 공군에 근무했었는데, 새벽에는 주기장으로 나가서 엔진과 통신을 점검했었다. 모든 비행기가 이륙하는데 문제가 없도록 사전점검을 했던 것이다.

생산현장에 있는 설비 또한 마찬가지이다. 설비가 고장이 생긴다던가, 조금만 틀어지게 되면 생산이 중단되거나 불량이 발생하게 된다. 설비에 문제가 생기게 되면 작업 소요시간이 많이 들게 되고, 생산에 큰 차질을 가져올 수도 있다. 따라서 주기적으로 계획을 세워서 설비 점검을 하거나, 기름칠 또는 세척을 해줌으로써 문제가 발생되지 않도록 예방해야 한다.

즉시 고객 대응

　아무리 정확하게 생산계획을 잡는다 해도 생산계획의 변동은 수시로 일어날 수밖에 없다. 생산현장에서는 생산계획이 갑자기 변경되면 난감해지고 짜증이 날 수도 있다. 그러나 이러한 생각은 생각에 머무를 뿐, 변동된 계획에 의거해 즉시 생산에 들어갈 수 있어야 한다. 영업에서 요구한 물동량을 이런 저런 이유를 내걸고 생산을 하지 못한다면, 이것은 생산인으로서 올바른 자세가 아니다.

① 고객이 요청한 납기 맞춰야

　가끔 생산팀에서는 생산계획 변경에 대하여 불신하는 경우가 있다. 물론 이해가 안 되는 것은 아니다. 생산하기 위해서 원부자재 다 챙기고, 설비 셋팅까지 마쳐놓은 상태인데, 갑자기 원 계획이 취소되고, 다른 모델로 생산을 해야 한다고 하니, 속이 상할 것이다.

우리가 항상 먹는 밥도, 배고플 때 의미가 크다. 배고프지 않은데, 밥 먹기 위해서 서두르지는 않을 것이다. 고객이 필요할 때 부품을 공급해줘야지, 필요한 시기 지나놓고 나면 악성재고로 남을 수 있다. 그렇기 때문에 얼마나 빨리 고객이 요구한 시점에 상품을 공급해 줄 수 있는가 하는 것이 회사의 경쟁력이 된다.

생산현장에서는 언제든지 어떤 모델이라도 생산 의뢰가 들어오게 되면 즉시에 생산할 수 있는 준비가 되어 있어야 한다.

② ORDER의 생산과정

우리가 생산하는 물동량은 자연 발생적으로 생기는 것이 아니라, 물동량이 생기도록 노력하는 과정 즉, 마케팅이라는 과정이 있다. 영업사원들이 자사 제품을 고객에게 알리고, 고객이 이를 필요로 하여 영업사원들에게 요청하면 생산팀에 의뢰가 들어오게 되는 것이다.

(마케팅 ->고객의 요청 -> 집계 ->생산계획 반영 -> 생산)

생산을 제때 하기 위해서는 생산팀만 노력해서는 안된다. 영업, 개발, 구매, 자재, 품질, 생산관리 등 모든 팀이 원만하고 원활하게 움직이면서 상호 협조적으로 노력하여야 한다. ORDER가 어떻게 생성되

는가를 충분히 이해하고, 영업사원들이 요청한 시기 즉, 고객이 요청

한 일정에 납품이 되도록 생산이 이뤄져야 하는 것이다.

내용을 알고 일해야

위험을 알면 위험이 사라진다.

베르너 티키 퀴스텐마허

    사전적 의미의 하나로 일이란 무엇을 이루거나, 적절한 대가를 받기 위하여 어떤 장소에서 일정한 시간동안 몸을 움직이거나 머리를 쓰는 활동, 또는 그 활동의 대상이라고 한다.

    이러한 목적을 가지고 일을 하는데 있어서 일의 내용을 정확히 알고 하는 것과 모르고 하는것과는 그 결과에 큰 차이가 날 수밖에 없다. 그렇기 때문에 일을 하는데 있어서는 그 내용을 정확히 알고 할 수 있도록 해야 한다.

① 내용을 모르면 불량품을 양산한다

제품의 품질은 개발 설계단계에서부터 결정된다. 개발설계단계에서 제품의 목적과 성능에 부합되게 설계가 되지 않으면, 양산이 제대로 되지 않을뿐만 아니라, 설령 양산을 한다 하여도 단종시까지 불량과의 싸움에 시달려야 한다.

때문에 장비의 응용방법, 제품의 구조, 제품의 사양에 이르기까지 제품을 양산하기 위한 첫단계에서 마지막단계에 이르기까지 자신의 일에 해당되는 공정에 대해서는 일의 내용을 완전히 파악하고 이해하여야 한다.

일을 하다 보면 경우의 수가 많이 발생한다. 똑같은 조건, 똑같은 치수에서도 불량품이 얼마든지 나올 수 있다. 예를 들면 여러 가지의 조건이 있는데, 상한치끼리 결합 되었을 때, 하한치끼리 결합 되었을 때, 중간치끼리 결합 되었을 때, 상한치와 하한치가 결합되었을 때 각각 그 결과치가 얼마든지 다르게 나올 수 있다. 그러기 때문에 많은 경험과 실험을 통해서 그 내용을 파악해야만 한다. 이런 내용들을 모르고 작업을 하다 보면, 생각지도 않게 대량의 불량품을 양산하게 된다.

② 양품과 불량품의 차이

제품의 품질에 있어서 기능이나 성능 및 신뢰성에 관한 불량이라면 타협할 여지가 없다. 제품의 본래 목적을 상실한다면 제품으로서 어떤 존재 의미가 있을 것인가. 지금 말하고자 하는 것은 그러한 문제가 아니고, 제품의 외관적인 문제이다.

품질문제에서 의외로 외관적인 문제가 많이 발생한다. 예전 직장에서 있었던 일이다.

핸드폰 윈도우를 생산하고 있었는데, 아무리 노력을 해도 불량률이 줄어들지 않아서 고객사의 수입검사 담당자에게 우리 회사 검사자들을 교육 좀 시켜달라고 부탁을 했다. 그렇게 하면 불량률을 줄이는데 도움이 될 것 같았다.

그런데, 고객사의 수입검사 담당자가 회사에 와서 검사공정 현장을 둘러보고 깜짝 놀랐다. 상당량의 제품들이 양품을 불량 처리해 놓고, 불량을 양품 처리해 놓고 있다는 것이다. 그 이야기를 듣는 순간 생산팀장이나 중간관리자, 현장의 반장 할 것 없이 모두가 허탈감에 빠져들었다. 가장 중요한 것은 고객사의 수입검사 담당자와 우리 회사 검사들간에 눈높이가 맞지 않았다는 사실이다. 물론 그런 일이 있은 뒤로는 불량률이 크게 감소하게 되었다.

틀린 일을 열심히 하면 열심히 한만큼 회사의 손실은 커질 수밖에 없다. 그렇기 때문에 무슨 일이든지 제대로 내용을 알고서 일을 해야 한다는 것이다.

제조공정을 이해하자

아무것도 모르는 것이 수치가 아니라
아무것도 배우려 하지 않는 것이 수치다.

소크라테스

제조현장에는 작업경력이 몇 년씩이나 되는 경력사원이 있는가 하면 엊그제 갓 입사한 신입사원도 있다. 경력사원들은 그간의 노하우로 작업하는데 문제가 없겠지만, 신입사원들은 갑자기 마주치게 되는 장비와 공구 등으로 낯설기만 하다.

이들 신입사원에게 제조과정에 나타나는 모든 현상, 조건 등에 대해서 충분히 교육을 시켜야 한다. 교육을 시켜주는 사람으로는 관리자를 포함해서 현장의 반장 등이 있고, 사수 · 부사수로 엮어서 선배 경력사원이 지도를 해주도록 한다.

① 제품의 조립과정 이해

어떤 제품이 되었건 제품이 탄생되기까지에는 조립순서가 있기 마련이다. 처음에는 부품 하나하나로 분리되어 있지만, 단계별로 조립이 되고 나면 제품으로서 어떤 역할을 할 수 있게 된다. 이러한 과정을 세밀히 들여다보면 부품 상호간의 관계에서 작동원리가 존재하게 된다. 이러한 작동원리를 잘 이해해야 한다. 모든 과정이 순조롭게 조립이 되어야지, 무리한 힘을 가한다거나 억지로 조립을 하다 보면 반드시 탈이 나게 되어 있다.

조립과정을 잘 이해하기 위해서는
(a) 조립순서
(b) 조립단계별 체결원리
(c) 조립과정 중 주요 문제점
등에 대해서도 사례별 교육과 지도를 잘해야 한다.

② 공정별 중요 관리 포인트 파악

작업이 정상적으로 이루어지기 위해서는 해당 공정별로 하자가 없어야 한다.

원자재의 상태는 문제가 없는지, 즉 변질, 치수, 초기상태에 해당되는 상태나 조건 등을 유지하고 있는가를 확인해야겠다.

장비상태에 대해서도 작동은 정상상태를 유지하고 있는지… 압력, 속도, 셋팅상태 등 장비 체크리스트 상에 문제가 없도록 되어 있는지를 파악한다.

이처럼 부품이 처음 투입되는 공정부터 마지막 포장, 출하 단계에 이르기까지 전 공정의 중요항목에 대해서 숙지하고 점검한다면 각자가 원하는 정상제품을 만들 수 있을 것이다.

문서에 의한 기록관리 유지

기록만큼 중요한 것도 드물다. 그러나 현장에서 일하다 보면 기록한다는 것이 귀찮고 하기 싫은 일 중의 하나이다. 그러나, 일의 공정이나 노하우는 말로 오랜 기간 동안 전달될 수는 없다. 문서로 기록되고 유지되어야 하는 이유다.

① 문서화 규정

생산활동에 필요한 모든 내용은 문서로 규정되어 있어야 한다. 현장의 많은 인원들에게 서로 상이하지 않고 정확하게 정보를 전달되기 위해서는 문서로 작성되어 있어야 한다.

현장에서 필요로 하는 작업의 내용은 매우 다양하다. 예를 든다면,

(a) 조립표준
(b) 검사표준
(c) 각종 업무절차 등

이러한 작업의 공정들이 체계적이고 통일된 내용으로 정리되어 있지 않다면, 우리가 필요로하는 제품을 만들 수도 없고, 대량 생산도 불가능할 것이다.

'나만 알고 있으면 그만 아닌가!'

만약에 임직원 중 누군가가 그런 생각을 가지고 있다면 반사회적인 생각이고 기업으로서는 회사를 해치는 행위가 될 것이다. 노하우는 널리 전파되고 알려져서 궁극적으로는 기업 전체의 부가가치가 창출되어야 한다.

문서화는 지속 가능한 유일한 방법이다. 작업현장에는 새로운 직원들이 계속 들어온다. 기존에 근무하던 직원들이라 하더라도 언젠가는 회사를 떠나게 되어 있다. 이렇게 될 때에는 정보가 어떻게 전달되어질 것인가. 그렇기 때문에 모든 일의 내용은 반드시 통일되고 표준화된 기록으로 남겨야 한다.

② 문서는 개정을 통해 생명력을 갖는다

현장에서 사용되고 있는 문서들을 보면 지극히 형식적인 것에 머물고 있다는 것을 느낄 때가 많다. 세상은 변하고 있고, 작업현장에 있는 일의 내용도 변하고 있음에도 불구하고 문서의 내용을 보면 초창기 규정했을 때나 또는 1~2년이 지났는데도 그대로인 상태로 있는 것을 종종 볼 수가 있다.

일의 내용이나 기준은 항상 변하게 되어 있다. 작업 항목을 추가하거나 삭제를 한다거나, 또는 변경을 한다거나 조립방식, 원자재 변경, 사양 변경 등 변화된 모든 내용은 문서에 반영되고 개정되어져야 한다. 그리고 개정이나 변경된 이력은 최종본에서 그 이력을 추적할 수 있어야 한다. 이력을 추적할 수 있어야 이해하기가 쉽고 일의 내용을 습득하는데도 도움이 된다.

문서의 기준이나 규정이 개정되고 있으면 살아있는 문서이고, 그렇지 않다면 죽어있는 문서이다.

③ 문서는 필요한 곳에서 활용돼야

아무리 정리가 잘되어 있고 훌륭한 자료라 할지라도 필요한 곳에서 볼 수 없으면 효용가치가 없다. 작업지도서, 작업표준서, 검사기준서와 같이 현장 작업자가 필요로 하고 반드시 숙지하고 있어야 할 내용이라면 현장 작업자 눈높이에서 언제든 볼 수 있어야 한다. 작업을 하기 위해서 그러한 문서를 보기 위해 이동을 해야 한다면, 또는 이곳 저곳 찾아야 한다면 얼마나 시간낭비가 되겠는가.

그와 같은 문서뿐만 아니라, 생산팀에서 필요로하는 각종 문서는 생산팀원이 한눈에 볼 수 있고 찾을 수 있는 곳에 위치하고 있어야 한다. 그리고 모든 문서는 즉시 전달교육이 되어져야 하고, 필요할 때는 열람 가능 하도록 되어 있어야 한다.

일에 화장을 하지 말자

보고(報告)란 일에 대한 내용을 말이나 글로 알리는 것을 말하는데, 직장인이라면 누구나 자신이 맡은 업무의 진행상황이라든지 그 결과에 대해 상사에게 구두로 보고를 하거나, 보고서를 제출한다. 이때 보고는 사실에 기초하여야 하며, 보고 받는 사람이 접했을 때 보고하는 사람이 어떤 말을 하고자 하는지 한눈에 알아볼 수 있어야 한다. 그것이 가장 좋은 보고 방법이다.

그런데 인간의 가장 강한 본성 가운데 하나가 '자기과시 욕구'라고 하지 않았는가. 보고하는 사람은 수많은 보고들 중에서 자신의 보고서를 가장 돋보이게 말하고 싶어진다. 결국 돋보이는 보고가 되기 위해 다양한 화장기법을 사용하게 되는 것이다.

예를 들어, 단순히 보고서의 모양을 예쁘게 꾸미는 단순한 make-up을 할 수 있다. 다양한 표와 그림 등을 넣고 글자 모양도 바꾸는 것이다. 적당한 삽입은 내용의 이해를 돕기도 하지만 지나치면 보고가 산만해지기 쉽다.

또 쓸데없는 내용을 액세서리마냥 치렁치렁 나열할 수도 있다. 이 때의 쓸데없는 내용들은 보고하고자 하는 본질을 가리거나 흐리게 할 수 있다.

그런가 하면 보고하고자 하는 내용의 수치를 바꿔 내용을 조금 더 극적으로 만들 수도 있다. 보고하는 사람이 원하는 결과를 이끌어 내기 위해 불량률을 높이거나 낮춘다든지 치수를 변경하는 등의 미세한 수정 화장을 할 수도 있는 것이다.

보고자는 자신의 보고를 돋보이게 하기 위해 약간의 화장을 하는 것이지만, 이런 진실이 회사의 방향을 결정하는데 왜곡된 자료로 쓰인다거나 나아가 국가 정책을 결정하는데 반영된다면 그 파장은 엄청날 것이다.

요즘은 인터넷상에서 유명 연예인들의 화장 전후 모습을 쉽게 확인할 수 있다. 화장하나 지웠을 뿐인데 전혀 다른 사람의 얼굴을 보고 있는 듯 착각이 들게 만들기도 한다. 화장품이 진짜 얼굴을 완전히 가렸기 때문이다.

빠른 이해를 돕기 위한 적당한 삽입이나 꾸밈은 좋다. 허나, 지나친 화장으로 보고 받는 사람의 시선을 뺏는다거나, 잘못된 화장으로 직장상사가 잘못된 판단을 하도록 해서는 안된다. 우리는 보고의 본질이 무엇인지 잊지 말아야 할 것이다.

내가 만든 제품은 내 목숨과 같다

위험을 감수하지 않으면
더한 위험이 찾아온다.

에리카 종

　내가 만든 제품은, 또는 나의 회사가 만든 제품은 나의 분신이나 다름없다. 니라는 사람의 인격체가 물건을 만들 때에는 내가 할 수 있는 기량이나 정직성을 가지고 만들지 않겠는가. 그런 면에서 내가 만든 제품은 살아있는 나의 대변인이다. 사실이 그렇고, 그렇게 생각하지 않으면 올바른 제품이 탄생할 수 없다.

　내가 만든 제품이 고가의 제품이거나 값이 싸거나, 보석을 가공하는 것이나 배추포기를 취급한 것이냐를 구별하지 말고 내 이름을 걸고 제품을 출하할 때에는 제품에 혼을 넣어주어야 한다. 그 정도의 정성이 들어가 있지 않으면 제품으로서 역할을 하는데 문제가 생길 수 있다.

만약 어떤 사람이 고객에게 또는 거래선에 납품만 하면 그만이다 하는 생각이었다면, 어리석기 그지없는 사람이다. 혹시나 자기 회사에 그런 사람이 있다면 올바른 교육을 시키던지 아니면 회사에서 방출을 시키던지 해야 한다. 그래야만 회사 차원의 더 큰 피해를 예방할 수 있다.

거듭 말하지만, 올바른 직장인이라면 내가 만든 제품에 대해서는 내 목숨과 같이 여겨야 한다. 그렇게 생각해야만 자재취급에서부터 제조공정, 검사, 포장, 납품에 이르기까지 최선을 다하지 않겠는가. 수많은 공정 한곳 한곳에서 제품을 생명을 다루듯이 작업에 임해보자.

① 샘플과 양산품이 다르다면

아직도 후진국이나 개발도상국에 있는 일부 업체에서는 고객에게 제출한 Sample하고 양산품이 다른 경우가 종종 있다. 거래를 성사시키기 위해서 Sample은 최선을 다해서 고객의 입맛에 맞춰 만들어 놓고는 양산에 들어가서는 Sample에 못 미치는 정성으로 만들다 보니 치수가 안 맞고, 사양이 다르고, 기능이 안 되고 해서 고객을 실망시키는 경우가 있다.

차이는 있겠지만 우리 주변에서도 얼마든지 볼 수 있는 현상이다. 개발 스케줄에 쫓겨서, 납기 맞추기에 급급해서 들어가야 할 정성이 부족하다 보면 언제든지 문제가 생기는 것이다.

신뢰가 한번 깨지면 원상회복하는 데 얼마나 노력이 더 들어가야 하겠는가. 설령 신뢰 회복이 되었다 하더라도 거래가 재개될 런지가 불투명하다. 고객에게 신뢰를 저버리는 행위를 해서는 결국 도태되고 만다.

② 제품은 '나'를 파는 것

조치훈 9단은 바둑을 둘 때 목숨을 건다고 한다. 가끔 TV로 바둑 두는 장면을 볼 때는 비장한 감마저 든다. 그런 모습으로 두어야만 후회하지 않는 대국이 될 것이다.

누구에게나 가장 소중한 것은 목숨일 것이다. 누구라도 목숨만큼은 함부로 취급할 수 없고 자신이 할 수 있는 한 최선을 다해서 주의를 기울일 것이다. 우리는 그런 심정으로 제품을 만들어야 한다.

고객에게 제품을 팔지만 궁극적으로는 나라는 사람을 파는 것이다. 나를 팔아야 고객의 머릿속에 영원히 기억될 것이다.

고객은 제품이 아닌 감동을 기억한다

　고객과의 비즈니스에는 항상 긴장감이 있어야 한다. 고객 그 다음 단계에는 최종적으로 소비자가 있다. 소비자는 폭이 너무 넓고 다양하고 각계 각층이어서 어디서 무슨 일이 일어나는지, 무엇을 원하는지 파악할 수가 없는 것이 현실이다.

　예측할 수 없는 시장에서 통계를 잡고 분석을 해서 고객은 어렵게 우리에게 ORDER를 주는 것이다. 그리고 ORDER는 실행만 하면 되는 것이 아니라 정확성과 속도가 중요하다. 시기를 놓쳐버리면 ORDER의 생명력이 상실 되는 경우도 있다.

① 고객이 원할 때는 사정이 어려워도 협조해야

일상 생활 속에서 고객이 원할 때, 회사의 직원이 갖가지 사연을 말하는 경우가 있다.

- 휴무라서 다음날 찾아 뵙겠다.
- 회사 전직원이 야유회를 간다.
- 출장 중이다.
- 다른 업무로 바쁘다.

그럼에도 불구하고 고객이 해당 직원을 찾을 때는 어려워도 협조를 해달라는 의미를 담고 있다. 고객과 일을 할 때는 교과서적으로만 처리해서는 안된다. 사정이 급할 때는 급한 데로, 필요할 때는 필요한 데로 협조를 해줘야 고마움을 느끼지, 내가 필요한 데로만 일을 처리해서는 고객에게 감동을 줄 수가 없다.

② 철야 근무, 특근을 해서라도 납기는 맞춰야

시장의 경쟁은 총칼을 메지 않은 전쟁터처럼 치열하다. 그렇게 엄청난 경쟁 속에서 쟁취한 ORDER를 소비자와 약속한 일자에 제품을 전달해 주기 위해서는 철야 근무, 특근을 해서라도 납기를 맞춰야 한다. 주어진 기회를 한번 놓치면 그 기회는 영원히 다시 오지 않는다.

- 개발 Sample : 개발 스케줄 대응
- 양산제품 : 양산 대응
- 양산 Sample : 긴급 이원화나 기존 제품 대응

특별한 사정없이 고객사가 협력업체를 괴롭히기 위해서 긴급 ORDER를 주는 경우는 없다. 힘이 들 줄 알면서도 부탁할 때에는 반드시 그만한 사정이 있는 것이다. 긴급할 때 협력하면 고객의 더욱 큰 신뢰를 얻게 될 것이다.

③ 말 한 마디, 메일 한 문장이 고객의 마음을 움직인다

고객과의 대화는 하루에도 쉴 새 없이 일어난다. 따뜻한 안부 인사에서부터 가벼운 민원사항 부탁, 그리고 본격적인 비즈니스에 이르기까지 전화나 이메일을 통해서 수도 없이 대화가 오간다. 이럴 때 꼭 주의해야 될 점이 있다.

- 아무리 가깝다 하더라도 존댓말을 사용한다.
- 이메일에서도 존칭어를 사용한다.
- 힘든 일일수도 있지만 긍정적으로 표현한다.
- 군더더기 언어를 사용하지 않는다.
- 늘 최선을 다하는 모습을 보여준다.

말 한마디, 문장 하나가 상대방의 마음을 긍정적으로 또는 부정적으로 바꾸어 놓을 수 있다. 자기 감정을 최대한 억제하여 언제 어디서나 상대방에게 실수하는 일이 없도록 하자.

④ 요령이나 잔꾀는 한두 번만 통한다

우리 속담에 "실을 바늘 허리에 메어 쓸 수 없다"라는 말이 있다. 아무리 급하고 힘들다고 하더라도 일은 정상적으로 처리해야 한다는 뜻이다. 품질 맞추기가 어렵고 납기 맞추기가 어려워서 비정상적인 제품을 사용할 수는 없다. 정상이 아닌 것을 정상인 것처럼 사용한다던지, 사정이 급하다고 해서 거짓말을 한다던지 해서 그 상황을 벗어나고자 한다면 그것은 고작해야 한두 번만 통할 뿐이다. 그리고 나서는 신뢰를 송두리째 잃는 것이다.

그렇게 되지 않기 위해서 미리미리 준비하고 최선을 다하자는 것이다. 고생을 하고 노력을 하면 상대방이 알 수 있다. 그래야만 인정을 받고 또 다른 비즈니스로 연결되지 않겠는가.

고객과의 비즈니스를 원만히 처리하고 장기적으로 이어가기 위해서는 결국, 정성을 팔아야 하는 것이다.

말로 경험을 대신할 수 없다

나무는 그 열매로 알려지고
사람은 그 일로 평가된다.

탈무드

기업에서는 하루 일과를 회의로 시작해서 회의로 마친다고 해도 과언이 아니다. 그만큼 회의가 빈번하고, 또 필요로 하지만 정작 회의를 하다 보면 '말'로만 진행되는 경우가 많다. 예를 든다면, 어느 제품에 품질결함이 있어 관계부서 회의를 소집해서 의견들을 나누는데, 참석 인원들이 정확한 현상파악을 하지 않고 '말'만 가지고 회의를 하는 경우가 해당된다.

출근해서 일을 하다 보면 모두가 바쁘다고 한다. 그렇게 바쁜 사람들이기 때문에 한번 모여서 안건을 마무리 지을 수 있도록 하여야 하는데, 준비가 덜 되다 보니까 2차례, 3차례까지 모이게 된다.

어느 거래선에서 제품결함으로 클레임 통보를 받았을 때 관계부서에서 기본적으로 확인해야 될 사항을 정리해보면 아래와 같다.

- **영업팀** : 거래선의 현재 상태 즉 작업중단인지, 선별작업인지, 기

  타 어떤 상황인지?

  거래선의 요구사항은 무엇인지, 제품 교환이나 수리작업, 또는

  내사를 원하는지 파악한다.

- **품질팀** : 제품결함의 원인과 대책은 무엇인지?

- **생산팀** : 동일 Lot의 재검으로 동일불량 재현여부는?

  재고수량, 정상제품의 생산 여부는?

- **구매자재** : 문제가 되고 있는 부품의 원인과 대책은?

  해당부품의 이원화 생산여부는?

이상과 같이 관계부서 직원들은 회의 안건에 대해서 최소한 조치를
취하고 확인해야 될 사항에 대해서는 확인을 하고 나서 회의에 참석
해야만 가치 있고 실질적으로 도움이 되는 회의가 진행될 것이다.

산악인이 히말라야의 고산 등반을 하기 위해서는 얼마나 많은 준비
를 하겠는가.

해발 2,500~3,000m 정도 올라가면 나타난다는 고산병의 적응문제,
자신과의 싸움에서 극복해 나가야 하는 체력, 고도에 따른 기온의 변
화, 산소의 변화 등을 이론만으로 터득하기에는 불가능할 뿐만 아니

라, 위험요소가 많다.

여성 산악인으로서 최초 히말라야 14좌 완등에 도전하는 오은선 씨는 마지막 고봉인 안나푸르나(8,091m) 등정에서 2009년 10월 19일 정상을 700m 앞에 두고 강한 제트기류에 의한 기상 악화로 실패하고 말았다. 수많은 변수를 극복하고, 자칫 생명까지 잃을 수 있는 고산등반을 위해서는 오로지 실전과 같은 연습과 경험만이 등반을 성공적으로 이끌어 줄 수 있는 것이다. 물론, 회사에서 일어나는 일들이 산악인들처럼 생명을 담보로 하는 위험한 일은 없을 것이다.

하지만 생산현장에 즐비한 조립기계, 사출기, 각종 측정기와 같은 장비들을 직접 만져보지 않고 어떻게 기술의 내용을 터득할 수 있겠는가? 필요하면 직접 분해도 해보고 그리고 나서 다시 조립도 해보고 이러한 일을 반복적으로 해 봄으로써 기계에 대한 자신감을 얻을 수 있고 노하우를 쌓을 수 있게 되는 것이다.

백화점이나 대형 판매매장에 이루어지고 있는 영업사항도 마찬가지다. 다른 사람들이 물건 파는 것을 보고 '나도 할 수 있겠다'라고 쉽게 생각하면 오산이다. 고객의 취향이나, 구매능력, 현재의 감정상태까지 모니터 해가면서 시기 적절하게 응대해야만 가까스로 판매가 이루어질수 있는 것이다.

모든 것을 눈으로 보고 듣는 것처럼 나도 그렇게 할 수 있는 것은 아니다. 끊임없는 노력과 정성으로 몸소 실천해야 기술 습득이 비로

소 가능해지는 것이다.

창의력은 열정 속에서 피어난다

열의없이 성취된 위업이란
아직 하나도 없다.

애머슨

우리 속담에 "목마른 사람이 우물 판다" 라는 말이 있다. 필요로 하
는 사람이 먼저 서둘러 시작한다는 말이다. 상품에 경쟁력을 불어 넣
기 위해서 새로운 기능을 추가한다던지 생산성을 높이기 위해서 작업
공정을 개선한다던지 하는 것은 개발자나 작업자가 자신들이 하고 있
는 일 중에서 창의력을 갖추기 위해서 일상생활 중에 끊임없이 연구
하고 생각하고 있는 내용들이다.

창의력이란 국어사전에 보면 "새로운 생각이나 의견을 생각해 내
는 능력"이라고 씌여있다. 새로운 생각이나 의견은 목마른 사람이 우
물을 파는 것처럼 어떠한 일에 대해서 절실하게 필요로 하는 사람에
게서 생기기가 쉽다. 여유가 있고 느긋한 사람은 힘들게 생각을 짜내

는 일을 하지 않을 것이다. 내가 맡고 있는 일중에서, 과제 중에서 뛰어난 성과를 올려야 된다고 깊은 열정을 가지고 일에 전념한다면 평소에 생각지 않았던 내용들이 머릿속에 떠오를 것이다.

하려고 하는 곳에 아이디어가 생긴다.

각종 회의나 TFT 활동을 하다 보면 안건을 많이 제시하는 사람이 있고, 회의에 참석해서 자리만 차지하고 시간만 지나가기를 기다리는 사람도 있다. 당연히 목표를 달성하기 위해서 열심히 뛰어 다니거나 고민을 하고 있는 사람에게서 아이디어가 나오게 마련이다.

성적이나 결과가 나쁘면 의례 변명이나 핑계를 대려고 하는 사람들이 있다. 최선을 다하지 않은 사람들이 가진 일종의 습관이다. 나에게 맡겨진 일에 대해서는 어떻게 해서든지 이루어내겠다고 정열을 쏟는다면 지금까지 전혀 생각지도 못했던 훌륭한 아이디어들이 많이 나올 것이다. 중요한 것은 진실로 내가 해내겠다는 의지가 있어야 한다.

열정은 지식 · 두뇌 · 정보보다 앞선 창의력의 도구

누군가가 어떤 일을 해나감에 있어서 뭘 몰라서 못하는 것보다는 알고 있으면서도 불구하고 열정이 부족해서 실행으로 옮기지 않기 때문에 못하는 경우가 많다.

세상에 큰 이름과 업적을 남긴 사람들 모두는 누구나가 할 것 없이 대단한 열정의 소유자였다고 보면 될 것이다. 멀리서 사례를 찾을 필요도 없이 자기 주변에서 성공한 사람들이 있다고 하면 그분들은 틀림없이 열정적으로 세상을 살아가는 사람들일 것이다.

열정을 가지고 살아가다 보면 자연스럽게 창의력도 생기게 된다. 열정과 창의력을 갖추면 무슨 일을 못하겠는가. 변명이나 주변을 탓하기보다 누구나 가질 수 있는 열정을 가져야 한다.

빛나는 아이디어나 정보가 스쳐 지나간다

생활 속에서 접하고 있는 각종 매체물이나 보고서에는 훌륭한 아이디어들이 많이 포함되어 있는 경우가 있다. 얼마든지 현업에 적용시킬 수 있는 내용들이 많음에도 불구하고 무관심하거나 노력을 기울이지 않은 탓에 우리 곁을 스쳐 지나가고 있는 것이다.

'괜히 사서 고생하는 것 아니냐.' '지금도 잘 되는데 뭐 하러 손댈 필요 있겠는가.' 하는 생각을 가지고 있다면 그때부터 패자의 길을 걷게 되는 것이다. 곧바로 실천함으로써 얻을 수 있는 좋은 아이디어나 정보를 흘려 보내서는 안된다. 하나 하나 챙김으로써 살아있는 아이디어나 정보가 되도록 늘 깨어있어야 한다.

큰 목표는 시야를 크게 만든다

인생을 살아가거나 어떤 일을 하게 될 때는 반드시 목표라는 것을 접하게 된다. 학교를 진학할 때는 어느 학교를 갈 것인가에 대해서 목표가 맞추어지고, 학교를 졸업하고 취업을 하게 될 때에는 어느 직장을 선택할 것인가에 대해서 목표가 설정된다.

우리가 살아서 움직이는 동안에는 그때그때 상황에 따라서 선택이나 또는 목표를 어떻게 가져갈 것인가에 대해서 결정을 해야 한다. 그런 시기가 닥쳤을 때 우리가 분명하게 알아야 할 것이 있다. 그것은 "작은 목표는 시야를 좁게 만들고, 큰 목표는 시야를 크게 만든다"는 것이다.

목표를 크게 잡고 도전하다 보면 자세부터가 달라지게 된다. 소극적으로 일을 한다거나 대충해서는 큰 목표를 달성할 수 없기 때문이다. 목표를 작게 잡다 보면 이 정도면 되겠지 하는 안일한 생각을 가지기가 쉽다.

목표를 생각하다 보면 꼭 경쟁의 대상만 떠올리기 십상일 것 같은데, 사실 그렇지가 않다. 부모님에 대한 효도의 마음, 친구간의 우정, 이웃에 대한 배려의 마음 같은 것도 크게 생각하는 것이 좋다.

특히나 직장생활을 하면서의 큰 목표는 자기의 인생을 바꿔놓을 수도 있다. 매년, 매월, 매일 접하게 되는 업무나 과제에 대해서 큰 목표나 큰 효율을 올리기 위해서 노력을 하다 보면 기존의 방식과 틀을 가지고는 어려울 것이라는 생각이 든다. 그렇기 때문에 어떻게 하면 큰 성과와 큰 효율을 올릴 것인가를 고민하게 된다면 당연히 지금까지 사용하지 않았던 방식과 틀에 도전하게 될 것이고, 남의 말에도 귀 기울이고 또 관련해서 많은 정보를 얻기 위해서 배전의 노력을 하게 될 것이다.

큰 목표를 설정하고 달성하기 위해서는 항상 능동적으로 변화하는 마음을 가져야 한다. 오늘의 내가 어제의 나와는 달라야 한다는 것이다. 변화를 가져오는 마음은 힘들고 괴로운 일이다. 힘들이지 않고 노력하지 않으면서 어떻게 큰 목표를 달성할 수 있겠는가. 그러고 보면 변화의 마음도 일종의 습관이다. 꾸준히 노력해야만 변화의 마음에 익숙해질 수 있을 것이다.

'삶은 개구리 증후군'이란 이론이 있다. 미국의 코넬대학에서 한 실험인데 개구리를 15도 정도의 물에 넣고 온도를 서서히 올리게 되면 밖으로 뛰쳐나가려는 시도를 하지 않고 45도가 되어서는 죽고 마는데, 개구리를 처음부터 45도의 물에 넣었을 때는 바로 뛰쳐나왔다고 한다. 서서히 뜨거운 물에 죽어가는 개구리처럼 현실에 안주하다 보면 주위 환경을 변화하는데 따라가지 못하고 나만 도태되고 만다.

'작심삼일(作心三日)'이란 말도 있다. 한번 마음먹은 일이 사흘을 못 간다는 얘기다. 그만큼 변화하기가 어렵고 힘들다는 이야기다.

건강을 지키기 위해서는 매일 운동을 하는 것만큼 좋은 약도 없다. 그러나 건강을 잃고 나서 '삶은 개구리 증후군'이나 '작심삼일'을 말하며 후회한들 무슨 소용이 있겠는가. 오늘보다 향상되고 발전된 내일을 원한다고 하면 지금 당장 나부터 변해야 한다.

생산성 향상은 품질보증에 달려있다

　기업의 생산성 향상에 대한 노력은 날로 치열해지고 있다. 제품에 대한 소비자의 선호도는 값이 저렴하면서 품질이 좋은 쪽으로 선택되고 있기 때문에, 기업에서는 생산성을 높임으로써 원가 경쟁력을 갖추려고 하는 것은 당연한 이치이다.

　글로벌 경쟁시대에서 생산성 향상은 생존하기 위한 수단이기도 하다. 그렇기 때문에 기업별로 생산성 향상을 위해서 각가지의 기법을 총동원하고 있다. 생산현장에서 불필요한 동작은 없는지, 사용되고 있는 설비는 최적의 효율을 내고 있는지, 생산 시스템에는 문제가 없는지 등 모든 분야에 걸쳐서 생각하고 검토할 수 있는 사항은 모두 연구의 대상이 되고 있다.

대기업이나 중소기업을 막론하고 제품을 생산하고 있는 생산현장에서는 한시도 방심할 겨를이 없이 생산성 향상을 위해서 총력을 기울여야 한다. 그러나 이러한 중요한 과제와 관련, 반드시 기억하고 고려해야 될 항목이 있는데 그것은 바로 '품질보증'이라는 것이다.

어떤 제품이 되었건 품질이 확실히 보증되지 않는다면 차라리 제품을 출하시키지 않던지, 사업을 하지 않는 것이 오히려 더 낫다. 요즈음 생산체제는 대량 생산체제이기 때문에 클레임이 발생하였을 때는 감당하기 힘들 경우도 있기 때문이다.

① 도요타 자동차 사태의 교훈

일본의 자존심인 동시에 전세계에서 생산성과 품질보증의 대명사처럼 불리어졌던 도요타 자동차는 2010년 들어서자마자 연초부터 차량 결함으로 인하여 하루도 편할 날이 없었다. 이 회사 도요다 아키오 사장은 미 의회 청문회에 나가서 의원들의 추궁을 당해야만 했고, 결국에는 눈물로써 사죄하는 모습을 보였다.

도요타 자동차의 차량 결함으로 부상을 입었거나 사망했다는 소송이 미국 내에서만 70건에 이르렀고(2010년 3월) 글로벌로 리콜하는데 소요되는 비용이 수조 원대에 이르렀다고 한다. 이뿐만이 아니라 판매가 급속히 감소되면서 일부 해외 공장에서는 생산량 감축에 들어갔고 조업시간 단축에도 들어갔다.

이와 같이, 아무리 잘 나가던 기업이라도 품질에 대해서는 조금만 방심하면 회사로서 언제든지 치명적인 타격을 입을 수도 있다는 것을 상징적으로 보여준 사례였다.

② 생산시스템과 원자재 변경은 반드시 검증되어야

생산현장과 품질에서는 4M이라는 용어를 자주 사용한다. 4M은 Machine, Method, Material, Man의 약자이다. 생산설비, 생산방법, 원자재, 인원이 변경되었을 때는 반드시 고객사에 신고를 하고 승인을 받아야 한다는 것이다.

제품이 처음 개발되어서 양산을 거쳐 고객사나 소비자에게 넘어가기까지에는 엄격한 품질시스템을 거쳐서 출하되게 된다. 개발품질과 양산품질을 거쳐 최종 출하 검사에 이르기까지 회사가 보증할 수 있는 모든 과정을 거치게 되어 있다.

이뿐만이 아니다. 4M에 해당되는 내용이 아닐지라도 검증 받을 내용이 적지 않다. 예를 들면, 간단한 지그를 사용해서 부품의 이송속도를 빠르게 한다거나, 원자재의 온도 변화가 감지되었거나, 제조공정에서 평상시에 느끼지 못했던 이상 징후가 나타났을 때에는 현장관리자나 품질 직원에게 보고를 해서 자체 검증을 반드시 받도록 해야 한다.

이처럼 생산에 관련된 모든 내용은 검증이 완료된 후에 양산이 되어야만 대량 불량사태를 막을 수 있는 것이다.

작업표준서는 현실에 맞게 개정돼야

우선 순위를 세밀하게 정할 수록
긴급한 일이 줄어든다.

지노 시아베랄라

작업현장에는 작업자가 일을 할 수 있도록 하기 위한 작업표준서가
비치 되어 있다. 작업표준서는 작업자가 일을 하기 위한 매뉴얼이기
도 하고 지침서이기도 하다. 그런 만큼 작업표준서는 정확하고 뚜렷
하게 관리 되어야 한다.

일반적으로 작업표준서에 포함되어 관리 되어야 할 내용은 다음과
같다.

(1) 기본정보
　　① 모델명
　　② 품번

③ 해당공정명

(2) 작업방법

① 작업조건

② 작업순서

③ 작업방법

(3) 관리항목

① 공정검사 항목

② 검사방법

③ 검사주기

④ 시료수

⑤ 이상발생시 처리방법

(4) 개정이력

① 최초제정일, 작성자, 승인자

② 개정차수, 개정일, 개정사유

작업표준서는 공통으로 사용되어야

해당 공정의 작업표준서는 누가 작업을 하더라도 공통된 내용으로 작업을 할 수 있어야 한다. 현장에는 종종 작업자가 바뀔 수 있다. 담당 직원의 퇴사나 작업공정 변경으로 언제든지 해당공정의 작업자가 변동될 수 있는 것이다.

새로운 작업자가 작업표준서대로 작업을 했을 때 작업내용에 착오가 없어야 한다. 생산성 향상이나 품질향상을 목적으로 작업내용을 변경할 시에는 충분히 검증을 한 후에 개정을 해야 한다.

작업표준서는 승인자가 수시로 확인해야

때로는 작업자가 작업표준서 되로 작업하지 않고 자기만의 노하우나 잘못된 지식으로 작업을 할 수가 있다.

경험을 쌓다 보면 요령이 생길 수 있고, 이미 개정이 되었는데도 불구하고 작업표준서는 Update가 안 되어 있는 경우도 있다.

만약 이러한 경우가 발행했다면 작업자가 바뀌었을 때는 틀린 작업이 이뤄질 수 밖에 없다. 따라서 작업표준서 승인자나 관리자는 작업자의 작업내용이 작업표준서와 일치하는지를 꼭 확인하여야 한다.

회의규칙

말하지 않은 좋은 생각은
좋은 생각이 아니다.

켄 블랜차드

    직장생활을 하다 보면 꼭 겪어야 할 업무 중에 하나가 회의다. 누구나가 회의에 대해서는 어느 정도 부담감을 안고 있다. 바쁜 스케줄 속에서 시간 내는 것도 그리 녹록치 않고, 회의 성격에 따라서는 준비해야 될 내용도 있고, 경우에 따라서는 자신이 결정하고 책임을 져야 할 내용도 있다.

    어떻든 수시로 참석하게 될 회의에 대해서 부담스럽게만 바라보지 말고 적극적이고 진취적으로 참석해서 개인이나 조직, 나아가서는 회사에 도움이 되도록 하는 것이 좋겠다.

    이와 함께, 회의문화가 올바로 정착되고 유지, 발전되도록 모두가 노력해야 한다. 간혹, 어느 회사에 회의가 잦으면 회사 경영상태가 좋지 않은 징조라고 말하기도 한다. 그러나 회의 없는 회사 없고, 어느 회사에 누구라도 미팅이나 전화라도 하려고 하면 회의 중이라는 말을 듣게 되는 것은 어렵지 않을 것이다.

이렇게 수없이 닥치게 될 회의에 대해서 어떻게 임하는 것이 효과적일지 모두가 깊게 생각해봐야 한다. 어느 Project 과제 만큼이나 회의를 효과적으로 운영하는 것도 회사 경영에 큰 영향을 미칠 수 있다.

다음과 같은 자세와 준비로 훌륭하고 효과적인 회의가 되도록 노력하자.

우선 회의는 정기적 회의와 비정기적 회의로 구분할 수 있을 것이다.

정기적 회의로는

① 아침 팀장회의
② 일일 생산계획회의
③ 일일 품질회의
④ 월요일 주간회의
⑤ 이미 결정된 TFT회의
⑥ 경영평가회의
⑦ 기타

비정기적 회의로는

① 신제품 개발회의

② 신제품 품평회

③ 불량대책회의

④ 각종업무점검회의

⑤ 긴급현안문제회의

⑥ 기타

① 회의 시기와 안건은 사전에 공지

누구나 회사에 출근하고 나면 하루 일과가 종료될 때까지 바쁘게 움직인다. 각자가 스케줄대로 움직이게 되는 것이다.

그렇기 때문에 회의를 사전에 공지하지 않으면 다른 스케줄로 인하여 참석이 곤란하게 될 때도 있고, 너무 늦게 또는 회의에 임박해서 알려주면 안건에 대해서 충분히 검토를 못하고 참석하게 되는 경우도 있다.

이런 경우에는 준비가 덜 되었기 때문에 원만하게 회의가 진행되지 못하고 안건의 배경 설명에 그치고 재차 회의를 하는 경우도 있다. 또한 참석해야 될 사람에게 연락을 해주지 않아서 "누구 마음대로 결정했느냐"고 항의를 받는 경우도 있다.

따라서 회의 주관자는 사전에 회의 시기와 안건에 대해서 충분히 설명해 주어야 한다.

② 안건에 가장 부합되는 사람이 참석해야

회의 때는 안건에 대해서 충분히 토의하고 의견을 제시할 줄 아는 사람이 참석해야 한다. 단순히 인원수 맞추기 위해서 들러리식으로 참석해서는 안된다. 조직과 팀을 대표해서 안건을 다룰 수 있어야 한다.

대개는 회의를 주관하는 사람이 사전에 알려주게 되어 있다. 회사 대표라던지, 임원급, 팀장급, 해당 실무자 등 가급적이면 참석자 명단에 표기된 직책이나 직급의 사람이 참석한다.

③ 안건에 대해서 자기 역할을 생각한다

회의에 참석하는 마음가짐이 마치, 목적 없이 시장에 나가서 마음에 내키면 물건을 사고, 아니면 그냥 오는 사람처럼, 회의한다고 하니까 피동적으로 참석해서는 안된다.

회의는 필요에 의해서 열리게 되어 있다. 그렇기 때문에 참석자는 그 회의에 참석해서 내가 무슨 말을 할 것인지 충분히 생각하고 자료를 준비해야 한다.

회의가 끝날 때까지 말 한 마디 없는 사람도 있다. 참으로 무책임한 사람이다.

④ 다른 사람의 발표에 대해 경청하고 질의도 해야

회의 때, 어떤 직원들은 자동기계처럼 순서가 되어서 내 이야기만 하고 그 다음에는 입을 아예 닫아버린다. 회의가 어떻게 진행되던 관심이 없고 잘못 말을 꺼내서 풍파를 일으키기도 싫고, 다른 사람에게 잘못 보이기도 싫은 것이다.

회의는 누구의 생각대로 진행이 되어서는 안된다. 궁극적으로 회사 전체의 이익과 발전에 도움이 되어야 하는 것이다. 그러한 목적의식을 가지고 다른 사람의 이야기를 듣고 나의 생각도 소신껏 발표해야 한다.

⑤ 주관자는 회의가 원만히 진행되도록 리더십을 발휘한다

회의는 주관자의 역할이 중요하다. 안건에 맞는 효과적인 결론을 도출해 낼 수 있도록 유도해야 한다. 그러기 위해서는 다음과 같은 방법이 있어야겠다.

• 참석자 전원이 발표하도록 한다.

- 특정인의 주도를 막는다.
- 회의 시간은 가급적 1시간 이내로 한다.
- 안건과 동떨어진 내용은 통제한다.

⑥ 회의록은 서명을 받고 관련부서와 공유

회의 내용에 따라서 업무 내용이 바뀔 수도 있고 특정모델의 사양이 바뀔 수도 있다. 그럼에도 불구하고 실행에 옮겨야 될 부서에 회의 내용이 공유가 되지 않아서 부서별로 업무에 혼돈이 생기게 되면 회사에 손실이 발생하게 된다. 문제를 해결하고 발전하기 위해서 하게 된 회의가 오히려 문제를 일으키게 되는 것이다.

회의가 끝남과 동시에 결재를 득하고 반드시 관계부서나 관련자에 공유시켜야 한다.

⑦ 회의 내용은 반드시 실행해야

간혹 회의 따로, 실행 따로인 경우가 있다. 어떻게 하자고 해놓고 움직이지 않는 것이다. 비효율적 일뿐만 아니라 회사의 회의문화도 질서를 잡지 못하는 결과가 되고 만다.

회의에서 결정된 사항에 대해서는 반드시 지키고 실행하도록 해야 한다. 그래야만 회의문화도 한 단계, 한 단계 발전해 나갈 수 있는 것이다.

제7장

품질이
회사를 지킨다

중요한 건 당신이
어떻게 시작했는가가 아니라
어떻게 끝내는가 이다.
_ 앤드류 매튜스

품질에 관해서는 아무리 강조해도 지나치지 않다.
과거에는 '이 정도면 되겠지'라고 생각했다면,
요즈음은 완벽하게 우수한 품질을 구현해야만 글로벌 경쟁시대에서 살아남을 수가 있다.
인터넷과 스마트폰의 보급으로 상품에 조금만 하자가 있어도
짧은 시간에 정보 공유가 되어서 기업으로서는 치명타를 입게 된다.
고객이나 소비자를 속일려는 의도가 없었다 하더라도
궁극적으로 문제가 발생이 된다면 무한책임을 질 수 밖에 없다.
선 식원이 품질에 관해서는 한치의 양보도 없이 철저한 주의를 기울이도록 해야 한다.

품질은 타협의 대상이 아니다

　우리는 가끔 언론을 통해서 유명 브랜드 제품이 품질 불량으로 대형 크레임이 발생했다거나, 리콜을 당했다는 뉴스를 접할 수 있다. 심한 경우에는 회사 경영에 치명타를 입는다.

　우수한 품질을 유지하는 것은 굉장히 어렵고 중요한 문제이다. 어떤 상품을 시장에 내놓기 위해서 수많은 연구와 노력을 기울이는데, 품질은 그러한 연구와 노력의 결과물임을 보증해야 하기에 더욱 중요하게 챙겨야 할 일이다.

　상품의 불량은 인체로 보면 질병과도 같다. 사람의 몸에서 병이 생겼는데 참고 사는 날까지 살아가자고 하는 사람은 없을 것이다. 그렇기 때문에 품질은 그 무엇보다 중요하게 생각해야 하고, 불량이 발생되지 않도록 해야 될 과제이다. 그래서 "품질은 생명이다"라고 말할 수 있다.

내가 알고 있는 삼성의 어느 임원께서는 "제품에 관련되어 가격이나 물동량은 타협이 가능하지만, 품질은 타협이 안되므로 품질만큼은 만전을 기해달라"고 말한 적이 있다. 백 번 맞는 말이다. 제품이 불량이면, 불량 제품을 가지고서 무엇을 하겠다는 것인가.

7~80년대 우리나라 제품이 해외에서 품질문제로 많은 고생을 했던 적이 있다.

지금은 그 어느 나라보다 우수하다고 생각할 수 있겠지만 품질은 고정된 것이 아니기 때문에 1년 365일, 1일 24시간 긴장의 끈을 놓을 수가 없다. 그럼에도 불구하고 어느 곳에서, 어느 경우에서는 "대충 넘어가지" 하는 안일한 생각을 하는 경우를 볼 수가 있다. 그러한 사고방식이 근절되지 않으면 회사는 더이상 발전할 수 없다.

요즘과 같이 무한경쟁 시대에도 제품에 결함만 없으면 얼마든지 사용하겠다고 하는 기업이 많다. 기업의 CEO부터 품질부서는 물론이고 전 직원이 품질문제는 해결하지 않고서는 건너갈 수 없는 다리라고 생각하고 불량이 제조현장에 발을 붙일 수 없도록 힘을 써야 한다. 강하고 튼튼한 회사는 제품의 품질이 강하고 튼튼한 회사다.

검사공정 업무는 운전과 같다

작은 실수가 오랜 공을 무너뜨린다.

토마스 풀러

　우리나라의 전자제품은 세계가 놀랄 정도로 빠른 속도로 발전하고 있다. 특히 LCD TV는 소니를 제치고 세계시장에서 1위를 차지하고 있을 뿐만 아니라, 삼성전자는 핸드폰에서도 세계시장 점유율 1위를 차지하고 있다. 70~80년대의 제품과 비교하면 시장점유율과 품질에서 격세지감을 느낄 수 있다.

　전자제품의 주요 공정을 크게 나누어 보면 조립과 검사로 나눌 수 있을 것 같다. 우리 회사의 경우를 보면 두 공정 모두 자동화설비에 의해 이루어지고 있으나, 일부 자동화설비를 가동할 만한 물동량이 되지 않는 부품에 대해서는 육안 검사를 병행실시하고 있다. 그럼에도 불구하고 우리 회사는 공신력 있는 국가 기관에서 싱글PPM인증을 받을 만큼 엄격한 품질 관리를 실시하고 있다.

커넥터를 비롯하여 소형 전자부품을 육안으로 검사할 때에는 긴장의 끈을 놓쳐서는 불량부품을 완벽하게 선별할 수가 없다. 작업자들이 검사공정 업무 중에 제일 힘든 것은 '졸음'이다. 아주 짧은 순간 졸다 보면 불량품이 흘러나갈 수 있기 때문이다.

고속도로에서도 차량사고의 원인 중에 가장 많이 차지하는 부분이 '졸음운전'이라고 한다. 그래서 "검사공정 업무는 운전을 하는 것과 같다"라고 한 것이다. 졸음운전은 불과 1~2초 사이에 일어난다. 그 짧은 시간에 사람의 목숨이 위태로울 정도라면 얼마나 무시무시한 일인가. 잠깐의 졸음으로 인해서 불량품이 유출되고 고객사나 고객에게까지 영향을 미친다면클레임이나 리콜과 같은 재산상의 피해는 물론이거니와 회사의 이미지에도 엄청난 피해를 입힐 수 밖에 없다. 따라서 검사 업무를 할 때에는 고속도로에서 운전하는 것과 같은 비상한 마음으로 해야 한다. '졸면 죽는다'는 생각을 가져야 한다.

근무시간에 졸지 않기 위해서는 다음과 같은 조치가 필요하다.

① 밤 늦게까지 과음을 삼간다

술은 마실 수 있다. 그러나 적당하게 마시는 법을 습관화 시켜야 한다. 술이 술을 먹는다고 주량을 넘어서서 먹게 되면 이튿날 정상적으로 업무 하기가 곤란하다.

술은 내가 스스로 통제할 수 있을 만큼 적당히 마시도록 하자. 과음은 나쁜 버릇이다.

② 적당한 수면을 취하자

앞에서도 거론했듯이 밤늦게까지 술을 먹거나 컴퓨터 게임을 한다거나, 기타 여러 가지 사유로 적당한 수면을 취하지 않고 출근을 한다면 생리적으로 졸음이 올 수밖에 없다. 필요한 만큼은 잠을 자야 좋은 컨디션을 유지할 수 있다.

③ 몸을 과격하게 사용하지 말자

적당량의 운동을 꾸준하게 하는 것은 건강에 좋을 뿐만 아니라, 꼭 필요한 것이다. 하지만 평소에 하지 않던 운동을 과격하게 한다거나 한꺼번에 체력을 많이 소비하다 보면 자연스럽게 몸에 무리가 오고, 근무 중에 피로와 더불어 졸음이 오게 된다. 일시적으로 몸을 과격하게 사용하는 것은 피하자.

④ 졸음이 올 때는 잠깐 밖으로 나가자

어쩔 수 없이 졸음이 올 때는 복도나 세면실로 가서 찬바람을 맞거나 찬물로 얼굴을 씻도록 하자. 바깥을 한 바퀴 돌아도 될 것 같다. 어떻게든 졸음을 쫓아내고 작업을 해야 되는 것은 너무나도 당연한 얘기다.

수많은 작업자 중에 나 혼자만 졸음으로 불량이 유출되어 문제가 발생된다면 어떻게 책임을

질수 있겠는가. 그것은 이미 엎질러진 물이다. 되돌릴 수 없는 일이다. 잠깐 졸음으로 교통사고를 내고 나서 후회하면 무엇 하겠는가.

"검사공정은 운전하는 것과 같다"고 했다. 운전하는 동안 만큼은 정신을 맑게 하고, 긴장된 자세를 유지해야 한다. 검사공정도 똑같은 상황이다. 검사공정에서 정신을 바짝 차리고 깨어있는 마음으로 작업을 해서 불량 부품을 유출하는 일이 없도록 하자.

품질관리는 불량품을 만들지 않는 것

네가 가지고 있는 최선의 것을 세상에 주라.
그러면 최선의 것이 돌아오리라.

M. A. 베레

품질을 관리하다 보면 불량품이 발견되기 마련이다. 그럴 경우 문제에 대한 원인을 파악하여 개선책을 수립하며, 검사를 강화하여 불량품이 후공정으로 유출되지 않도록 조치를 취한다. 두 가지 모두 추가적으로 불량품이 발생되지 않게 하기 위해서 반드시 필요한 조치이다.

여기서 조심해야 될 것이 있다. 그것은 검사 강화는 개선책이 아니라는 것이다. 문제가 발생되면 개선대책 수립과 검사 강화 중 먼저 실행되는 것이 검사 강화이다. 현재 가지고 있는 재고를 검사하여 고객이 가지고 있는 재고를 교체해줘야 하며, 개선책이 수립되기 전까지 영업 상황에 따라 제품을 생산해야 하기 때문이다. 그러나, 이 과정에서 검사를 강화한 상태로 생산을 하다보면 추가적으로 불량이 발생되지 않기 때문에 원인 파악 및 대책 수립이 늦어지는 경우가 발생된다. 이 점을 조심해야 한다.

검사 강화는 불량품을 개선하는 것이 아니라, 불량품을 내보내지 않기 위한 하나의 방법일 뿐이다. 문제가 발생되는 원인이 있고 원인을 찾아 개선하기 위한 조치가 이루어져야 한다. 그래야만 불량이 재발되지 않는 것이다. 경험상 검사만 강화한 대책은 반드시 재발이 되었다. 그럴 경우 검사를 추가하여 대책을 수립하게 된다.

검사 강화로 시작된 대책은 검사만 강화하면서 Loss를 안고 생산을 지속하게 되는데, 그 이유는 지금까지 그래왔듯이 검사만 강화하면 즉시 개선 효과가 나타나기 때문에 불량의 원인을 찾기 보다는 노력 없이 쉽게 가려고 하기 때문이다.

이 얼마나 바보 같은 짓인가? 전공정에서는 계속해서 불량품을 만들고 후공정에서는 계속해서 불량품을 빼내는 것이 아닌가? 만들어진 불량품은 검사를 통해 빼내서 버려야 하며, 빼내지 못할 경우 다음 공정에서 문제가 발생된다. 그러지 않기 위해서 우리는 무엇을 해야 하는가?

답은 간단하다. 불량품을 만들지 않는 것이다. 불량품을 만들고 싶어서 만드는 것은 아닐 것이다. 그러나, 이유가 어찌되었건 불량품을 만들지 않도록 노력해야 하며 반드시 해야 하는 조치이다. 품질관리를 하고 있는 한 사람으로서 불량을 만들지 않도록 관리하는 게 쉽지 않음을 알고 있다. 불량품이 만들어지는 데는 많은 이유가 있으나, 그 원인을 찾기 위한 끈기와 노력이 필요한 것이다.

어렵게만 생각했던 불량의 원인을 해결됐을 때 그 희열을 느껴봤는가? 그 희열은 경험해본 사람만이 느낄 것이다. 우리 모두 그 희열을 위해 노력하자. 불량의 원인은 어딘가에 반드시 있으며, 개선될 수도 있는 것이다. 지금보다 조금 더 노력한다면 반드시 해낼 수 있을 것이다.

품질관리교육의 문제점

무언가 자꾸 반복하다 보면
우리 자신이 그것이 된다.

아리스토텔레스

어느 기업치고 품질관리의 중요성에 대해서 강조하지 않는 기업이 없다. 그러나 막상 품질관리부문에 들어가는 물적, 인적 자원에서는 대부분이 생산에 관련된 직접적인 부서에 비해서 후순위로 밀려나고 있는 게 현실이다. 부가가치를 창출하는 직접 요인이 아니라고 생각되기 때문에, 기업의 사정을 고려하다 보면 한발 늦게 따라가는 경향이 있다.

그럼에도 불구하고 어떻든 품질관리에 대한 교육은 품질부서 외의 기타 부서보다 관심이나 교육면에서 결코 뒤지지 않고 오히려 교육시간이나 교육의 기회를 더 많이 제공하고 있다.

이렇듯 품질관리에 대하여 전사적으로 중요성을 강조하고 있는데

도 불구하고 품질사고가 근절되지 않고 발생되는 원인과 대책을 알아
보도록 하자.

① 교육이 형식적이다

사내 강사나 외부 강사에 의해서 교육이 실행되고 있는데, 교육을
하는 강사나 교육을 받고 있는 작업자 입장에서 보면 전반적인 강의
의 내용이 실제 현장에서 이루어지고 있는 작업에 얼마나 직접적인
영향을 미치고 있는가를 생각해 봐야겠다. 수박 겉 핥기식으로 교육
이 진행되고 있지나 않은지도 살펴봐야 한다.

문제는 작업자 한 사람, 한 사람이 실제 만지고 있는 기계나 작업공
정에서 자신들이 하고 있는 작업이나 검사에 대해서 확실하게 이해를
할 수 있도록 이루어져야 한다는 점이다. 광범위하고 포괄적으로만
교육이 이루어져서는 품질을 향상시키는데 크게 도움이 되지 못한다.

품질교육은 아래와 같이 좀더 세분화 되고 직접적으로 이루어져야
겠다.

- 제품에 대한 개념은 확실하게 알고 있는가
- 자신의 작업공정에 대해서는 분명하게 이해하고 있는가
- 설비나 계측기의 작동과 원리를 알고 있는가
- 앞 공정과 후 공정에 대해서도 이해하고 있는가

- 각종규정이나 작업지도서에 의해서 작업이 진행되고 있는가
- 기타 등

교육은 단기간이나 몇 번에 그치는 것이 아니고, 기업이 존속하는 한 영원히 지속되어야 한다. 그러면서 좀더 향상되고 발전되고 개선되어야 한다.

품질에 대한 인식은 기업이 발전하는 같은 맥락에서 동일하게 향상되어야 한다. 기업은 앞서가는데 품질이 동반되지 않으면 사상누각(沙上樓閣)이 되고 만다. 품질에 대한 교육이 형식적이지 않고 실질적으로 이루어지도록 해야겠다.

② 문제는 실행이다

"교육의 최대 목표는 지식이 아니라 행동이다."(허버트 스펜서) 교육과 더불어서 결코 뗄래야 뗄 수 없는 것이 실행이다. 아무리 좋은 교육이라도 실행으로 이어지지 않은 교육은 아무런 의미가 없다.

실행으로 이어지지 않는 이유는 여러 가지가 있다.

우선, 작업자들의 개인 습관에 크게 좌우된다. '작심삼일'이란 말이 있듯이 처음에는 거창하고 뭔가 하는 것처럼 해 보이는데, 한두 달 지나면서는 서서히 의지가 약해지거나 배운 데로 실행하지 않게 된다.

현업에 쫓기다 보면 규정되로 이행하기가 힘든 경우도 있다. 바이

어는 독촉하지, 작업은 잘 진행이 안되지, 그러다 보면 회사가 정해놓은 규정과 절차를 무시하고 당장 급한 독촉의 말을 따르고 마는 경우가 있다.

특히 근무 여건이 열악한 중소기업에서의 잦은 이직률도 문제다. 품질관리가 하루아침에 이루어지는 것이 아니고 수많은 경험과 교육과 노하우가 쌓여야 하는데, 일 좀 하려고 하면 회사를 옮김으로써 품질관리의 연속성에 차질을 빚게 된다. 회사입장에서 보면 직원들에 대한 관심과 배려로 이직률을 최대한 감소시키도록 하여야 한다. 사실 사람관리만큼이나 어려운 것이 있을까.

전사적으로 품질관리의 연속성에 대한 마인드가 정착되도록 끊임없는 노력이 필요하다. 그렇게 되기 위해서는 주기적인 규정준수 여부 점검, 문서기록상태 확인, 대책서 이행여부 점검, 사내 Audit Check, 협력업체 Audit Check 등을 끈질기게 실행해 나가도록 해서 모든 직원이 당연히 그러한 규정준수나 품질관리 이행이 되는 습관이 들도록 만들어야 한다.

부품은 살아있다

　우리 회사가 생산하고 있는 커넥터는 몇 가지의 원재료로 구성된다. 커넥터가 원재료 상태로 흩어져 있는 상태에서는 크게 주목을 받지 못하지만 그것들이 서로 조합을 이루면서 커넥터라는 부품으로 탄생되면서는 특별한 역할이 주어진다. 서로 필요한 부분에 전기나 신호를 전달해주는 중요한 역할이다.

　이러한 중요한 내용을 알고는 처음부터 제조하는 과정에서 한치의 소홀함이 없도록 신경을 써야했다. 원재료 상태에 있는 레진이나 동에 대해서 취급하고 있는 환경이나 장소, 온도 등도 원재료의 상태에 특성의 변화를 줄 수가 있다. 말을 할 수 없는 물질이라고 하여 함부로 취급해서는 안된다.

살아있는 부품으로 만들기 위해서는 처음부터 관리를 잘해야 된다. 처음부터 제 규정대로 관리를 하지 않으면 변색의 원인이 되기도 하고 녹이 쓸 수도 있다. 제조공정이나 완제품에 적용되고 나서도 여러 가지 불량이 나는 것을 목격할 수 있을 것이다.

- Twist 불량
- Housing 변색
- 납땜불량

이러한 것들은 우리를 괴롭히는 악성불량의 내용들이다. 이런 불량들을 원천적으로 근절시키거나 감소시키기 위해서는 부품에 적용되고 있는 원자재 상태에서부터 제조공정에 이르기까지 한치의 오차도 없어야 할 뿐만 아니라, 작업 중에도 심혈을 기울여야 한다.

정성을 다해서 만들어진 부품은 완제품에 적용되어 영상이나 음향 또는 각종 전자제품으로 거듭나게 된다. 예를 들어, 씨엔플러스가 제조한 커넥터는 LCD TV, PDP TV, 핸드폰, Navigation, MP3 등과 같이 모든 전자제품에는 다 적용되고 있다. 전자제품이 제대로 작동할 때 커넥터가 비로서 살아있는 역할을 하는 것이다.

만약에 커넥터가 불량인 상태로 되어 있다면 영상이나 음향이 정상적으로 나오지 않을 뿐만 아니라 각종 전자제품들이 제대로 작동이 되지 않는다. 이런 경우, 전자제품의 부품인 커넥터가 살아있는 역할과 살아있지 않은 역할을 하는 것이다. 말을 못하는 전자부품이라도 궁극적으로는 살아있는 역할을 한다는 것을 직시하고 불량품이 나지 않도록 최선을 다하여야 한다.

정직도 일종의 습관이다

진실만큼 아름다운 것은 없고
진실만이 사람에게 사랑을 받는다.

N. 부알로

인간이 살아가는데 있어서 꼭 필요한 성품 중에 하나가 정직일 것이다. 정직하지 않은 사람과 어떤 대화를 나눌 수 있고 어떤 비즈니스를 할 수 있겠는가. 정직은 생활규범에 있어서 기본 중에 기본이라고 볼 수 있을 것이다.

정직도 일종의 습관이다. 평소에 정직하게 살아가는 사람은 쉽게 거짓말을 못한다. 거짓말이 몸에 배어있지 않았기 때문에 입 밖으로 튀어 나오지 않는 것이다. 반면, 거짓말을 자주하는 사람은 거짓말이 편하다 보니까 임기응변식으로 어떤 국면을 거짓말이라도 해서 쉽게 넘어가려고 한다.

상대방의 생활을 통해 이런 성격의 소유자라고 파악이 되었다면 더 이상 서로 도움을 주고 받을 수 있는 인간관계는 지속될 수 없을 것이다.

① 사실대로 말하자

자신이 직접 현장을 보는 것과 보지 않는 것은 일을 결정하거나 처리해 나가는데 있어서 큰 차이를 나타낼 수가 있다. 현장에 나타난 현상에 따라서 각기 대응책이 달라지기 때문이다.

예를 들어, 빨간색의 현상이 나타났는데 직접 보지 않았기 때문에 검정색으로 말을 한다든지, 전체가 노란색으로 변했는데 직접 보지 않아서 부분적으로 노랗다고 이야기를 한다든지 하면 대책을 세우는 데 있어 전혀 다른 내용으로 대안이 나올 수 있는 것이다.

품질 규정이나 작업지도서에 명시된 내용으로 작업을 했는데 문제가 발생을 했는지, 아니면 그 명시된 내용을 무시하고 독자적으로 실행하다 보니까 문제가 발생했는지를 사실대로 이야기해야만 해결과정도 쉽게 이루어진다. 만약, 어떤 조치사항을 실행하지 않았으면서도 했다고 허위보고를 한다면 그 조치사항으로 해결될 수 있는 일을 엉뚱하게도 다른 곳에서 다른 조치사항으로 계속 힘들게 시간을 보낼 것이다.

이런 일이 있었다.

장비점검대장에 2시간 단위로 장비의 상태를 점검해서 이상 유무를 기록하는 대장이 있는데 우연히 지나가다가 장비를 확인하지 않은 채 모두 양호라고 적는 것을 본 적이 있었다. 장비 상태가 어떠한지, 장비에서 나오는 부품들의 상태나 치수는 문제가 없는지를 점검했다면 충분히 막을 수 있는 품질불량을 점검하지도 않고서 무조건 양호라고 적었기 때문에 불량이 유출된 적이 있었던 것이다.

혹시라도 해야 할 일을 하지 않았다면 하지 않았다고 솔직하게 이야기해야 한다. 가까운 곳에서 답을 찾을 수 있는 것을 엉뚱한 곳에서 고생만하다가 결국에는 원위치로 돌아오면서 거짓말도 들통나고 신뢰도 잃고 마는 수가 있다.

② 모르면 모른다고 말해야

일을 했다는 것이 중요한 것이 아니고 정확하게 해야 하는 것이 중요하다. 누구나 모든 것을 다 알 수 있는 것은 아니다. 일을 하다 보면 체면 때문에, 또는 처해있는 입장 때문에 현실은 모르면서도 알고 있는 것처럼 말하는 경우가 있다. 측정하는 방법을 모르면서도 알고 있는 것처럼 해서 앞의 측정 데이터 값과 유사한 수치로 기록을 해놓는다던지 서류작성 방법을 이해하지 못하면서도 대충 적어 놓는다던지 하면 오히려 일을 하지 않는 것보다 못하다.

검사요원이 불량을 선별해야 하는데 어떤 것이 불량인지를 몰라서 불량을 양품 Box에 모아놓고 양품을 불량 Box에 모아 놓는 경우도 본적이 있다. 사실 모른다는 것이 그렇게 흠이 될 일은 아니다. 모르면 반드시 모른다고 이야기해서 정확하게 배우는 것이 중요하다.

실패나 실수를 통해서 배운다

한 번 실수하는 것보다,
두 번 묻는 것이 더 낫다.

독일속담

사회 생활을 하면서 실패나 실수가 없는 생활만 연속이 된다면 얼마나 좋은 일이겠는가. 하지만 누구라도 그러한 일은 없을 것이다. 그렇기 때문에 성공한 사람의 실패나 실수는 실패한 인생이 아니라 그만큼 경험하고 시험한 삶이 되는 것이다.

학창시절에 치르게 되는 수많은 시험은 지식을 축척하게 되는 단계별 과정이라 보면 되겠고, 이러한 과정에서 겪게 되는 아픔과 좌절은 인생을 더욱 성숙하게 만들어 준다.

사람들은 학업을 마치고 사회에 진출하는 과정에서도 혹독한 시련과 고통을 겪게 된다. 이것은 사회라는 곳이 가정이나 학교와는 다른 또 다른 곳으로, 입문하는 과정에서 사전에 단련시켜주는 좋은 훈련

쯤으로 봐도 될 것 같다. 직장생활과 이후 사회생활의 과정에서 겪게 되는 실패와 실수도 외면하거나 부끄러운 치부로 생각해서는 안된다. 실패와 실수 속에 건져내야 할 지혜가 숨어있기 때문이다. 그곳에서 승리의 지혜를 발견해야 한다.

① 과거의 사례를 잊지 않는다

시간이 흘러 지나놓고 보면 아쉬움이 남을 때가 많다. 그때 그것만 확인했으면 문제가 없었을 것을, 규정만 지켰더라도 막을 수 있었을 것을 하는 너무나 상식적이고 기초적인 것을 제대로 이행하지 않은 문제로 재산상에 큰 피해를 보는 경우가 우리 주위에는 얼마든지 있다. 우리는 이런 사례를 잊지 않아야 한다. 그것을 잊지 않기 위해서는 기억할 수 있도록 메모를 해 두어야겠고 과거의 사례를 거울삼아 실패가 재발되지 않도록 해야 한다.

제일 무능한 사람은 한번 실패를 경험해 본 일에 대해서 똑같은 실패를 반복하는 사람이다. 지나간 과거에 얽매일 필요는 없다. 하지만 지나간 과거가 되풀이 되지 않도록 각심(刻心)해야 한다는 것은 두말할 나위가 없다.

② 군대는 있지도 않은 실전을 위해 수많은 연습을 한다

각국 나라에서 보유하고 있는 군대는 전쟁의 실패나 실수가 없더라도 매번 실전과 같은 준비와 연습을 한다. 이것은 단 한번의 실패로 국가의 모든 것을 잃을 수도 있기 때문이다.

우리가 일상적으로 하는 업무 중에 만약에 군대와 같은 준비와 연습을 한다면 어떤 비즈니스에서라도 실패할 수 있을까 하는 생각이 든다. 조금만 더 준비하고, 조금만 더 확인한다고 하면 실패나 실수의 많은 부분을 사전에 막을 수 있을 것이다.

③ 훌륭한 직원은 실패나 실수를 먹고 자란다

일하지 않으면 실패나 실수도 없다. 일을 하고 도전하기 때문에 실패나 실수도 있는 것이다.

직장에서 일이 무섭고 두려워서 몸을 사리는 직원들이 가끔 있다. 이런 직원들은 절대 성공할 수 없다. 훌륭한 직원은 실패나 실수와 같은 쓰라린 경험을 겪으면서 성장해 나가기 때문이다.

중요한 것은 그런 경험을 통해서 많은 지혜를 얻어야 한다는 것이다. 단지 실패나 실수로 그치고 거기에서 머문다면 장래는 보이지 않는다. 추진하고 도전해서 많은 경험을 쌓도록 하자.

큰 것을 치우니 작은 것이 보인다

희망은 멀리 있는 게 아니다.
바로 내 곁에 있다.
나의 일상을 점검하자.

릴케

　몇 년 전에 있었던 얘기다. 필자는 그동안 현장에서 품질관리만큼은 마인드나 사고방식에서 누구에게도 뒤떨어지지 않는다고 생각했었다.

　매일 품질부서 관리자 회의 주관이나, 매일 아침 8시20분에 실시하는 전 직원 조회에서도 품질의 중요성과 품질마인드를 비롯해서 전날 발생한 고객 불만족 내용이나 생산 중에 발생한 품질관련 이슈사항을 포함해서 출하검사 불량현황, 수입검사 불량현황을 설명하면서 불량의 원인과 대책에 대해서도 빠짐없이 설명을 해오고 있었다.

　그렇기 때문에 어느 기업체 임직원보다 품질에 대한 인식만큼은 강하다고 생각하고, 조금은 결과까지도 남들보다는 우수하지 않을까 자부하고 있었다.

① 큰 것을 치우니 작은 것이 보인다

그때 방문해서 진단해주신 고객사 품질간부는 필자를 포함해서 우리 회사 전 직원에게 커다란 자극과 더불어 다시 한번 품질에 대한 인식을 새롭게 해 주셨다.

사실 예전의 우리 회사 공장 자체가 아파트형이다 보니 해마다 한 칸, 두 칸 늘리면서 관리적, 품질적인 측면에서 자가공장에서 시행할 수 있는 유리한 절차나 방법을 시행하지 못하고 있는 것에 대해서 쉽게 변명하려고 했었다.

그러나 그것은 너무나 안일한 생각이었다. 필자 스스로가 직원들 교육에서 15평 아파트에 사는 것이나, 60평 아파트에 사는 것이나 평수가 중요한 것이 아니라 얼마나 청결하고 정리정돈을 해놓고 사는 것이 중요하다고 수차례 교육을 해 왔었다.

당시, 고객사의 품질간부는 조립실 한 라인을 Sample로 진단을 해 봤다.

그 라인에는 쓰레기통, 대차, 제품Box, 에어건, 테이프, 가위, 볼펜 등 여러 가지 공구나 물건들이 놓여있었다.

ⓐ 이런 물건들이 왜 이곳에 있어야 하는가.

무조건 치우고 보자.

ⓑ 물건을 치우고 보니 라인이 한눈에 들어온다.

기계 상태를 알아볼 수 있고 작업자들의 모습도 쉽게 확인할 수가 있다.

큰 것을 치우고 나니 작은 것이 보인다. 이물이 보이고 먼지가 보인다.

고객사 품질간부는 앞으로는 사장님이나 부사장님이 실내화를 벗고 양말로 현장을 방문할 수 있도록 해달라고 요구했다. 그만큼 깨끗해야 하고 깨끗하게 하고자 하는 것이 품질마인드라는 것이다.

② 즉시에 실행하자

우리 회사는 금요일과 토요일 진단을 받았다. 우리에게는 더 없는 훌륭한 교육이었다. 전 직원이 배우려는 자세와 하려고 하는 마음의 준비는 항상 되어 있다고 본다.

간부 직원들이 일요일에도 모두 출근해서 지적 받은 사항에 대해서 즉시 실행에 옮기고 정리정돈을 했다. 정리정돈을 하기 전과 하고 난 뒤의 사항을 동영상으로 촬영해서 고객사 품질간부에게 보내드리기로 약속을 했다.

추가로 검사실, 사출실, 금형실, 개발실, 사무실 등 모든 현장과 사무실을 조립실과 같은 내용으로 청결과 정리정돈을 유지해 나갈 것이다.

③ 구호로만 세계 1등 기업이 될 수 없다

씨엔플러스는 매월 월례조회 때 21세기에 세계 초일류기업이 되겠다고 구호를 외친다. 전 직원이 한 달에 한번씩 각오를 다지고 의지를 되새겨보는 것도 나름대로 의미가 있기도 하다.

하지만 구호제창으로만은 1등 기업이 될 수 없는 것이다. 품질이 1등이 되어야 하고 생산성, 매출, 개발, 모든 부서가 1등이 되어야 한다. 그렇게 되기 위해서는 무엇보다도 품질이 정상이 아니고서는 세계1등 기업은 될 수 없다. 대단한 것을 하려고 힘쓸 필요가 없다. 항상 기본이 갖추어져 있어야 한다.

참고로 사내 게시판에는 보통 정리해야 될 사진이 다양하게 게시되어 있었는데, 이번에는 모두 철거했다. 정리해야 될 것이라면 사진 찍고 게시할 시간이나 노력에 즉시 정리해 달라는 주문이다.

누구에게 보이기 위한 행동들은 어찌 보면 형식이고 가식이다. 사실과 목적이 중요하다

지금하고 있는 일들이

• 품질에 합당한가?
• 품질에 꼭 필요한 부분인가?

- 품질에 맞는 일인가?

등을 판단해서 "그렇다"라고 생각할 수 있는 일들을 해야 한다.

품질관리는 마음과 몸으로 진행되어야 한다. 그것도 내가 직접적으로 행해야 된다고 생각하고 나부터, 내 주변부터 정리정돈과 청결에 앞장서도록 하자.

불량은 반드시 원인을 찾자

승자는 문제 속에 뛰어든다.
패자는 문제의 변두리에서만 맴돈다.

빅토르 위고

제조업 생산현장에는 항상 여러 가지의 불량품이 발생되고 있다. 외관적인 불량은 상품의 가치를 떨어뜨리게 되어 제값을 받을 수가 없고, 기능적인 불량은 상품의 기능을 나타낼 수가 없어 상품의 역할이 불가능하게 된다.

제조현장에서는 외관이든, 기능이든 근본적으로 불량을 근절하여야 한다. 기업에서는 불량을 줄이기 위한 방법으로 각종 기법을 개발하여 사용하고 있고, 국가기관에서도 품질관리를 위하여 다방면으로 노력하고 있다.

제조업에서의 불량의 발생 형태를 보면

- 원자재 불량
- 기계 설비의 문제
- 개발과정에서의 잘못
- 작업자 과실
- 취급불량

등 여러 가지 요인으로 불량이 발생되고 있다.

불량이 초기에 발견되어 그나마 Loss가 작은 경우도 있지만, 대량 Lot가 발생되어 바이어에게나 회사에 치명적인 손실을 입히는 경우도 있다. 그렇기 때문에 불량 근절을 위해서는 품질부서나 몇몇 사람만이 아니라 사장부터 현장 근로자에 이르기까지 전사적으로 관심과 노력을 기울여야 한다.

불량 발생을 방지하기 위한 방편으로는
- 제조 중간에 공정검사
- 전수검사
- 포장검사
- 수입검사
- 출하검사

등의 과정을 통해서 불량제품 유출을 최대한 막고자 한다. 어느 단

계에서 불량이 발견되면

그 불량이 만들어진 공정을 찾아서 해당 작업자에게 반드시 인지를 시켜야 한다.

불량의 내용이 명확히 드러나서 바로 수정을 한다거나, 재발이 되지 않도록 조치가 취해지면 그나마 다행인데 문제는, 불량은 있는데 원인이 불명확한 경우이다. 이럴 경우 고질불량이라고 해서 제조의 흐름에 맡기는 경우가 허다하다.

생산하다 보면 불량이 안 나올 수 있고, 어쩌다 보면 또 불량이 나온다. 고객사에서 불량 대책서를 제출하라고 하면 그럴듯하게 짜맞추기도 한다.

말 못하는 신생아가 우는 경우를 보면 다음과 같은 경우가 있다.

① **배가 고파서** : 모유나 우유를 줘야 한다.
② **오줌으로 기저귀가 젖었다** : 기저귀를 바꿔줘야 한다.
③ **잠이 온다** : 재운다.
④ **아프다** : 소아과 병원에 간다.

가령 ①항과 같이 배가 고파서 우는데 기저귀를 바꿔주거나, 잠을 재우거나 소아과 병원에 가면 되겠는가.

②항과 같이 오줌을 싸서 기저귀를 바꿔줘야 하는데 모유나 우유를

준다거나 잠을 재우거나 소아과 병원에 가서는 안될 일이다. 불량의 원인과 해결책도 그러해야 한다는 이야기다.

불량이 발생되면 반드시 원인이 있기 마련이다. 이 원인을 찾아내지 않고서는 품질이 안정될 수도 없고 따라서 1등 기업이 될 수 없을 뿐만 아니라 발전할 수도 없다. 불량을 해결하기 위해서 시간이 많이 걸려서는 안된다. 제조현장에는 매일 불량이 발생되고 있다. 당일 당일 문제를 해결하지 않으면 불량이 산적하게 되고, 나중에는 불량 속에서 탈출할 수가 없게 된다.

결국 최고경영자는 품질팀장이 되어야 한다. 회사에서 가장 노하우가 있고 경험이 많은 실무자들이 모여서 반드시 불량의 원인을 찾아내도록 해야 하고, 그런 노력의 결과는 궁극적으로 회사의 발전을 가져올 수 밖에 없다.

5S 활동과 품질관리

오늘 할 수 있는 일에 전력을 다하라.
그러면 내일에는 한걸음 더 진보한다.

뉴턴

　품질경영 활동을 진행하고 있는 대부분의 회사에서는 5S 활동을 철저하게 시행하고 있다. 5S 활동이란 정리, 정돈, 청소, 청결, 습관이라는 5개의 단어가 일본식 발음으로 'S'자로 시작한다는 것에서 생겨난 명칭이다.

　5S 활동의 목적은 당장 사용하지 않는 것은 모두 없애고, 사용하는 것은 정품의 것으로, 정량만을, 정 위치에 놓고 사용하고, 쓸데없는 것은 버리고, 깨끗하고 청결한 상태를 유지하는 활동을 몸에 습관화 시키는 것이다. 즉, 제조현장을 항상 청결하고 정리된 상태로 유지하여 안전한 환경에서 불량을 최소로 하는 작업이 5S 활동의 추진목적이다.

5S 활동은 제품의 품질과 밀접한 관계가 있다고 생각한다. 작업현장이 잘 정리되어 있고 그 상태가 지속적으로 유지되고 관리된다면 그렇지 않은 경우 보다 불량은 줄어들 것이다. 작업현장의 청결상태가 유지되고 불필요한 것들이 사라진다면 작업공간이 확보되고 현장의 모든 것이 작업자의 눈에 쉽게 들어올 것이다. 이로 인해 작업의 효율은 증가할 것이고, 품질향상과 생산성 증가에 큰 역할을 할 것이라고 생각한다. 또한 5S 활동을 통해 불용품을 제거하여 불필요한 비용을 없애고, 불용품의 발생을 최소화시켜 원가절감에도 기여하리라 기대된다.

이러한 5S 활동을 전개하기 위해서는

첫째, 필요한 것과 불필요한 것을 구분하여 불필요한 것을 없애야 한다.

둘째, 필요한 것을 누구나 쉽게 찾을 수 있도록 정리해야 하며

셋째, 필요한 것을 청결한 상태로 만들고

넷째, 청결한 상태를 유지해야 하며

마지막으로는 이러한 것들을 지킬 수 있도록 습관화 해야 한다.

즉, 생산현장은 항상 청결하고 안정적인 상태를 유지해야 하며, 그것들을 지키기 위해 관리하고 습관화 해야 한다.

불용자재, 작업자의 불필요한 행동, 열악한 작업환경은 작업자의

작업표준 준수에 어려움을 줄 것이며, 이로 인해 제품의 품질 변동에 영향을 주는 불필요한 요소가 증가하여 양품이 아닌 불량품이 생산될 것이다. 즉, 생산현장은 꾸준한 5S 활동을 통해 안정적인 상태를 유지해야 하며, 이것이 작업자와 제조설비의 품질변동 요인을 제거하게 된다. 이로 인해 불량품의 생산은 자연스럽게 줄어들 것이다.

5S 활동은 생산현장, 작업자, 제조설비뿐만 아니라 제품의 품질에도 밀접한 연관이 있는 품질혁신 활동이라고 생각한다.

고객을 평가해서는 안된다

　제품을 갑의 업체에 납품을 하거나 고객에게 직접 판매를 하는 경우에는 갑의 업체직원이나 고객에게 여러 가지의 경우를 당하게 된다. 어떤 경우에는 좀 심하다고 생각이 들 정도로 불만·이의 제기가 있을 수 있고, 어느 정도에서 이의를 제기하다가 상대방이 수용하는 경우도 있다. 어떤 경우일지라도 납품을 하거나 판매하는 입장에서 보면 바람직한 사항은 아니다. 입장이 곤란하거나 처지가 이해가 되어서 구매자가 수용을 했다고 하더라도 마음 한구석에 남아있는 찜찜한 그늘까지 지울 수는 없는 것이다.

　여기에서 반드시 기억해야 될 부분은 아무리 힘든 상황이 닥쳤다 하더라도 고객을 평가해서는 안된다는 것이다. 고객들도 다양하다 보니까 불만이 섞인 생각이 있을 수 있을 것이다. 그러나 반드시 지켜야 할 선이 있다.

예를 들면,

- 고객이 당신 밖에 없는가.
- 당신 아니면 회사가 무너지는가.
- 해도 너무한 것 아니냐.
- 당신에게는 물건을 팔지 않겠다.

이런 내용들이 입 밖으로 나가서 고객의 귀에 들어간다면, 그 고객은 영원히 떠난다고 봐야 한다. 을의 입장에서는 하고 싶은 말과 행동을 다 하고 살아갈 수는 없다. 비단 비즈니스에서 갑과 을의 입장관계에 있는 경우에만 해당되는 것이 아니라, 세상살이를 하다 보면 모든 인간관계에 해당되는 일이기도 하다.

고객에게서 불만이나 이의 제기가 일어난다고 하면 가장 현명한 처신은 왜 그런 일이 발생했는지, 근원적인 문제점을 해결해야 한다. 결국은 고객이나 소비자로부터 불만이 없는 완벽한 제품으로 고객을 만족시킬 의무가 있다.

① 고객의 입맛에 맞춰야

고객에 따라서 취향이 제각각 다를 수 있다. 사업하기 힘들다는 생각이 절로 날 때도 있을 것이다.

가장 쉬운 예로 명품 브랜드를 생각해보자. 고객들이 얼마나 상품에 만족을 하고 갖고 싶어 하는가. 그만큼 제품에 완벽을 기하고 정성을 다했기 때문이다.

명품 브랜드는 아니더라도 자기가 만들고 있는 제품에 대해서는 최소한 제품의 성능 또는 불량 때문에 고객과 다투거나 따지는 일은 없어야 한다. 규격이나 색상, 강도, 기타 여러 가지 특성이나 기능적인 측면에서 본래 추구하고자 하는 목적물에 대해서 기본적인 하자가 없어야 한다.

'왜 이정도 가지고 난리야?' 하는 식의 생각을 가지고 있는 사람이 있다면 그 사람은 회사의 경쟁력을 그만큼 깎아 내리고 있고, 그런 사람이 많을 수록 회사가 무너지는 시간은 크게 단축될 것이다.

② 역지사지로 고객 입장이 되어보자

백화점에 나가보면 수많은 상품들이 진열되어 있다. 가전제품, 의류, 식품, 가구 등 구매충동을 일으킬 수 있는 상품들이 소비자를 유혹하고 있다.

그렇지만 정작 필요한 상품코너에 가면 마음이 조금씩 달라진다.

- 디자인은 괜찮은지,
- 가격은 비싸 보이고,
- 곳곳에 흠집은 없는지,
- 필요로 하는 기능은 모두 있는지,

그렇게 따지다 보면 판매사원으로부터 설명만 장시간 듣고서는 슬그머니 다른 매장을 찾게 되고 이런 저런 불만으로 제품을 사지 않는 경우가 있을 것이다.

이런 경우, 어떤 문제 때문에 제품을 사지 않는다고 해서 판매사원으로부터 내가 문제가 있는 사람이라고 하면 선뜻 동의해 줄 수는 없지 않은가.

그렇기 때문에 앞에서도 설명했듯이 내가 물건을 납품하고 판매를 하기 위해서는 모든 것을 고객의 입맛에 맞춰야 한다는 것이다. 그리고 궁극적으로 고객을 평가해서는 안된다.

품질관리자는 의사다

　현장에서 생산팀과 품질팀의 관계는 상호 협력보다는 갈등의 관계가 많이 일어난다고 봐야 한다. 어쩌면 당연한 말이기도 하다. 생산팀에서 아무리 완벽하게 제조를 한다고 하더라도 품질팀의 보증단계를 거치지 않고 시중에 출시한다고 하면 언제 어느 시기에 클레임이 발생할 지 모를 일이다.

　생산팀에서는 생산성 향상에 전념하다 보면 신뢰성을 확인하기에는 소홀할 수 밖에 없다. 원천적으로 양산품질을 좋게 하기 위해서는 절대적으로 개발단계에서 철저하게 생산성과 신뢰성을 검증 받고 생산팀으로 개발제품이 넘어와야 한다.

　개발 스케줄에 쫓겨서 급하게 양산에 들어가다 보면 예상하지 못한 문제점들이 양산 중에 노출되어 회사에 큰 손실을 가져오는 경우가 의외로 많다. 개발품질단계에서 철저한 검증단계를 거쳐서 생산팀으로 이관되어 생산단계에 들어갔을 때 생산팀과 품질팀 관리자의 자세에 대해서 말하고자 한다.

생산팀 관리자의 의식문제

제품이나 부품을 생산하는 것은 양품을 생산하는 것을 기본으로 하는 것이지, 불량품을 생산하는 것도 생산의 범주에 포함해서는 안된다. 생산관리자가 제품을 생산하다 보면 불량도 나올 수 있는 것 아니냐는 사고를 가졌다고 하면 이는 생산관리자로서 자격이 없는 사람이다. 불량품은 사용할 수 없는 실패한 제품이지 사용하기 위해서 생산하는 정상품이 아닌 것이다.

그렇기 때문에 생산관리자는 전 공정에서 이루어지고 있는 생산과정에 대해서,

① 작업규칙은 정상적으로 지켜지고 있는지
② 사용되고 있는 원자재에는 문제가 없는지
③ 생산설비에는 이상이 없는지
④ 작업자들의 컨디션은 정상인지 등

세세한 부분까지 관심을 가지고 점검을 해야 한다. 내가 생산책임자로서 있는 한 불량품을 만들지 않아야겠다는 투철한 사명감과 책임감을 가져야 한다. 생산에 참여하는 모든 관리자들이 이러한 자세나 의식을 가지고 있다고 하면 불량은 먼 나라의 이야기일 뿐이다.

품질팀 관리자는 의사이다

아무리 철저한 생산시스템을 거쳐서 나온 제품이라 할지라도 반드시 품질보증단계를 거쳐야 한다. 지금 품질에 이상이 없다고 하여 향후에도 품질에 이상이 없다는 것은 아니다. 그렇기 때문에 신뢰성시험을 거치게 되어 있다고 볼 수 있다.

여기에서 거론하고자 하는 것은 품질팀 관리자의 자세 이야기다. 일부 관리자들에게 해당되는 말이겠지만, 마치 생산팀 직원들에 대해서 감시나 감독하는 감독관처럼 행동하는 관리자도 있다. 그래서 어쩌다 불량이라도 발견하는 경우에는 대단한 일을 한 것처럼 생산팀 관리자들을 윽박지르고 마치 부하직원 다루듯이 행동하는 경우도 있는 것이다.

이것은 기업의 조직 내에서 절대 바람직한 행동이 아니다. 불량품을 만들기 위해서 일부러 불량품을 만드는 사람이 어디 있겠는가. 팀원들간에 갈등을 부추기거나 위화감을 조성하는 것은 양질의 제품을 생산하는데 오히려 저해하는 요인이 될 뿐이다.

품질팀 관리자는 의사와 같은 역할을 해야 한다.

불량품이 발생되었을 때는 의사와 같이,

① 불량 원인이 무엇인지

② 어떤 문제 때문에 불량이 발생된 것인지

- 원자재가 문제인지

- 작업조건 즉 온도, 수분 함유량, 정전기 등에 변화나 이상은 없는지

③ 생산설비에 문제는 없는지

④ 작업자가 바뀌지 않았는지 등에 대해서

정확한 원인을 밝혀내고 다시는 그러한 불량이 발생되지 않도록 처방도 제시해야 한다.

품질팀의 궁극적인 목표는 불량품을 찾아내는 것이 아니라, 정상품을 만들어 내는데 일조하는데 있다. 그렇게 생각하다 보면 자연적으로 관계팀과 즉 개발팀, 생산팀, 구매팀 등과 팀워크와 더불어서 상호 긴밀하게 업무 협조체제를 만들어 갈 수 밖에 없다.

다시 한번 강조하지만, 품질팀 관리자는 의사와 같이 불량의 원인을 밝혀내고 그 처방도 함께 제시할 수 있어야 한다.

한발 앞선 품질관리시스템

제조업을 경영하다 보면 항상 불량이라는 문제와 부딪치게 된다. 자동차나 전자 완성품을 제조하는 대기업은 모두 A/S 센터를 운영하는 것을 보더라도 불량과 완전히 결별하는 것은 불가능한 일인지도 모른다.

2001년 소니가 유럽으로 수출했던 플레이스테이션에서 유해물질인 카드뮴이 기준치를 초과하여 수천억 원의 반품사태가 일어났고, 이로 인해서 소니의 브랜드 이미지가 크게 상실된 적이 있었다.

2010년도에 들어와서는 일본의 도요타자동차에서 가속페달 결함이 발생되어 수조 원으로 추정되는 재산상의 손실과 세계적인 브랜드의 명성이 무너진 현실을 우리는 눈앞에서 똑똑히 목격했었다.

크고 작은 차이는 있겠지만 어느 기업도 품질결함으로부터 완전히 자유로울 수는 없다. 그렇다면 제조업에서의 품질경영은 어떻게 운영되어야 할 것인가. 우리 모두는 심각하게 고민하고 연구하지 않으면 안될 것이다.

완벽한 검증시스템 갖춰야

대기업은 대부분의 조직이 평준화가 되어 있어서 품질부서도 어느 부서 못지않게 체계화되어 있고 장비나 조직에서 뒤쳐지지 않는다고 생각한다.

그러나 중소기업의 제조업은 사정이 다르다. 창업한 지 꽤 역사가 되었거나 또는 신설기업에서도 개발이나 생산에 비해서 품질부서가 뒷전인 경우가 허다하다. 고급인력의 배치나 투자는 개발이나 생산이 우선시된다.

물론 물건이 있은 뒤에야 품질이 필요한 것은 당연할 런지도 모른다. 하지만 요즘같이 무한경쟁시대에 있어서는 물건이나 부품을 출시한다고 해서 모두 고객이나 소비자에게 넘어간다는 보장이 없다. 더더욱 품질에 하자가 있으면 안 팔리는 것은 당연한 일이고 회사의 경영까지도 위태롭게 할 수 있다.

그렇기 때문에 물건을 개발하고 만드는 것도 중요하지만, 그 물건에 대해서 완벽하게 검증할 수 있는 시스템이 먼저 갖추어져 있지 않으면 안된다.

제품의 목적에 충실하자

기업에도 생명이 있다. 모든 기업이 탄생하지만 어느 순간에 사라져가고 있는 것이다. 그 이유 중에 하나가 제품이 탄생은 하지만, 그 제품의 목적에 충실하지 않으면 시장에서 외면당하고 만다는 사실이다. 예를 들면 TV는 화면이나 음향이 좋아야 하고, 핸드폰은 통화가 잘 이루어져야 하고, 자동차는 무엇보다 안전해야 한다. 그렇지 못하다면 조만간 시장에서 도태될 것이다.

제품이 출시된다는 것은 어떻게 보면 무에서 유를 창조하는 것이다. 수많은 부품들이 조합되는 과정에서 조합은 잘 되었는지, 적용되고 있는 부품들은 각기 모두가 정상품인지에 대해서도 철저하게 검증이 이루어져야 한다.

부품들의 조합과 부품들의 성능이 완벽해야만 그것들로 이루어진 제품이 제 몫을 충분히 발휘 하지 않겠는가. 제품에 하자가 없고 경쟁력이 있어야 기업의 생명력은 길어진다.

정확한 치수

완성품을 제조하거나 부품을 제조하는 경우에는 치수라는 단어와 밀접하게 접촉하게 된다. 산업이 발전되고 첨단기술이 탄생될 수록 더욱 정밀한 치수가 요구되고 있고 그 중요성이 부각되고 있는 것이 현실이다.

요즘 신제품들은 갈수록 소형화되면서 작은 치수의 부품들을 많이 필요로 하고 있다. 그러다 보니 개발자 입장에서도 그만큼 설계에서 부터 디자인, 금형가공에 이르기까지 어려움이 있고 제조ㆍ품질도 마찬가지로 정확한 치수를 유지하고 보증해야 하는데 어려움이 있다.

우리가 몸에 맞는 옷을 구입하려고 한다던지, 구두를 새로 살려고 할 때에도 몇 번이고 입어 보고 신어 보는 행위를 반복한다. 사이즈가 크지는 않은지, 혹은 작지나 않은지, 입거나 신고 나서 행동하기에 불편하지나 않은지 여러모로 검토를 한다. 검토 결과 몸에 맞지 않다고 생각하면 당연히 구입하는 것은 포기하게 된다.

제품이나 부품에서도 마찬가지다. 필요로 하는 목적물을 납품하기 위해서는 설계와 가공, 제조공정을 거쳐서 출하를 하게 되는데 고객사에서 처음에는 별 문제가 없이 사용되다가 별안간 작동이 되지 않거나 불량으로 판명이 되어 사용할 수 없는 사태가 발생하는 경우가 있다.

이것은 개발이나 생산을 하기 전에 충분히 발생할 수 있는 여러 가지의 경우를 염두에 두고 검토하지 않았거나 유사제품이나 부품에 대해서도 과거의 사례를 연구해 보지 않음으로써 겪게 되는 문제인 것이다.

제조현장에서는 개발초기에 개발품질에 대해서 각별히 검토와 신경을 써야 한다. 모든 경우를 가정해 놓고 반복 실험해 봄으로써 양산 이후에 발생할 수 있는 불량을 원천 차단하는 것이다.

일상적으로 치수에 영향을 미칠 수 있는 몇 가지의 요인을 거론해 보면 다음과 같은 내용들이 있다.

- **원재료** : 원재료가 가지고 있는 물질적 특성에 의하여 치수의 변화가 일어난다.
- **습도함유량** : 원재료가 습도를 얼마만큼 함유하느냐에 따라 여러

가지 현상이 나타날 수 있다.

- **열 변형** : 원재료나 부품이 열을 가하고 난 뒤에 현상의 변화가 나타난다.
- **설계의 마진율** : 최초 설계 시에 제품이나 부품이 가질 수 있는 마진에 대해서 검토 해야 한다.
- **기타** : 개발을 시작하기 전에 과거의 사례나 유사제품에 대해서 충분한 검토가 이루 어져야 한다.

상기와 같은 요인이나 또는 거론되지 않은 내용으로 인하여 언제든지 치수의 변화가 일어날 수 있다. 따라서 세심한 주의와 검토가 있어야 하겠고, 양산이나 출하과정에서도 각기 공정마다 주기적으로 치수를 점검해야 한다.

- **부품 제조공정** : 제품의 기초단위인 부품 생산 공정에서 정확한 치수가 유지되는지를 확인한다.
- **조립공정** : 완제품 조립공정에서는 부품들의 조립과정이나 열 변형을 줌으로써 발생할 수 있는 치수변형을 점검한다.
- **4M 신고** : 원자재 변경이나 기계 설비, 담당자의 변경으로 인해서 치수에 영향을 미치지 않는지를 점검한다.
- **수입 및 출하검사** : 모든 원자재나 완성품에 대해서는 기본적으로 중요 포인트를 지정해 놓고 검사 시에는 검사항목에서 누락되는

일이 없도록 하고 반드시 기록으로 남겨둔다.

품질불량에서 의외로 치수와 관련된 불량이 자주 발생될 수 있는 것을 볼 수 있다. 이 불량은 자연발생적인 것이 아니라 개발자나 작업자가 주의를 기울이면 얼마든지 막을 수 있는 내용들인 것이다. 조금만 신경 쓰면 문제를 예방할 수 있는 것이지만, 문제가 발생되고 나면 그 후속조치가 너무 힘들고 비용도 많이 들어간다. 물적 피해, 인적 피해가 발생되지 않도록 각별히 점검하고 신경 쓰도록 하자.

품질관리는 결국 개인이 하는 것

무엇인가 하고 싶은 사람은 방법을 찾아내고
아무것도 하기 싫은 사람은 구실을 찾아낸다.

아라비아 속담

생산현장이 대규모화 및 전문화되어 가면서 품질관리의 중요성이
그 어느 때보다 더 강조되고 있다. 실제로 산업 규모가 커가면서 품질
불량이 발생하면 그 피해규모도 상상을 초월하기 때문이다. 거대기업
이 되었건 중소기업이 되었건 품질불량이 발생되지 않도록 하기 위해
서 갖가지 Tool이나 System을 총동원하고 있다.

어느 회사이던지 팀이나 공정별로 품질관리 용어나 각종지표들이
보이지 않는 곳이 없을 것이다. 품질의 안전성과 효율을 높이기 위해
서 관리자들은 할 수 있는 모든 조치들을 취하고 있다.

그러나 어쩌랴. 세상에는 어떤 방식으로도 절대적으로 완전한 품
질을 보장 받을 수는 없다. 다만 안전을 보장받기 위하여 최선을 다할

뿐이다.

① Tool이나 System이 스스로 부가가치를 창조하지는 않는다

우리는 품질관리를 효율적으로 하기 위해서 각종 Tool이나 양식 그리고 System을 사용한다. 이러한 Tool이나 System은 그야말로 품질관리를 효율적으로 하기 위한 하나의 수단이다. 거기에 사람의 손이 직접적으로 닿지 않으면 스스로는 아무런 역할을 할 수가 없다.

품질관리에 대해서 연구하고 노력한, 앞선 사람들이 개발해 놓은 품질관리의 Tool이나 System은 우리가 어떻게 사용하느냐에 따라 그 효율은 크게 달라진다. 중요한 것은 개인이 그러한 수단들을 훌륭하게 사용할 수 있도록 갈고 닦아야 한다는 것이다.

② 품질관리는 개인이 하는 것

회사는 품질관리를 완벽하게 하기 위해서 품질연구소나 품질부서, 품질팀과 같은 조직을 운영한다. 조직 내에는 수많은 인재들이 올바른 품질관리와 불량을 근절시키기 위하여 각자 맡은 영역에서 활동을 하고 있다.

품질관리는 개발보다 더 많은 지식과 경우의 수를 확보해야 한다. 개발자가 개발해 놓은 상품에 대해서 개발자가 혹시라도 검증을 하지 않았을 경우까지라도 품질관리 요원은 찾아내어 검증을 해야 하기 때문이다. 상품이 세상에 나오게 되면, 연구실이나 개발실에서 겪어보지 못한 전혀 새롭고 예측할 수 없는 경우도 얼마든지 생길 수 있기 때문이다.

회사에서는 이들을 존중해주고 더욱 도전할 수 있게끔 용기를 북돋아줘야 한다. 다른 일도 마찬가지이겠지만 품질관리 역시 개인이 하는 것이다. 다른 곳에 기대거나 의존할 수 없다. 품질 조직뿐만 아니라 전사적으로 품질관리는 나, 개인이 한다는 확고한 신념과 책임감을 가지도록 해야 한다.

품질에서는 샴페인을 터트릴 수 없다

인생은 실수를 저지르고
실수를 고쳐나가는 과정이다.

요나스 서크

제조업에서 중요하다고 생각되는 요소로는 디자인, 설계, 기능, 가격 등 여러 가지가 있을 것이다. 모두가 중요한 내용들이다. 어느 것 한 가지라도 잘못된다거나 경쟁력이 상실되면 제품으로서의 생명력이 상실되는 결과를 초래한다.

제품을 좀더 깊숙히 들여다보면 거기에는 또 다른 수많은 부품들로 조합되어 있다는 것을 알 수가 있다. 언제나 이슈가 되고 있는 '품질 문제'가 거론되고 있는 이유가 여기에 있다.

제품은 수많은 부품들로 조합되어 있다. 제품의 특성상 차이는 있겠지만 어느 한 제품을 분해해 놓고 보면 거기에는 수천 내지는 수만 개의 각기 다른 부품들로 조합되어 있다.

품질에서의 어려움과 고민이 여기에 있는 것이다. 부품의 조합인 제품이 완벽한 품질을 유지하기 위해서는,

첫째, 각 부품들 모두가 100% 완벽한 정상 품이어야 하고,

둘째, 각 부품들을 연결하는 과정에서 트러블이 발생하지 않는 완벽한 구성이어야 하고,

셋째, 이러한 일을 맡고 있는 작업자가 1년365일 작업 근무중에는 항상 완벽한 작업을 하고 있어야 한다.

제품에서 불량이 발생한다는 것은 상기 항목 중에 어디에선가 어느 내용이 잘못되어 있다는 것이다.

이런 잘못된 내용이 많으면 거래선이나 Buyer로부터 Claim이나 경고를 받기도 하고 심지어 거래관계가 단절되기도 한다. 기업에서는 이러한 사태를 막기 위해서 불량발생 근절을 위한 다음과 같은 여러 가지 활동을 하고 있다.

① 분임조 활동

② TFT 구성

③ 주기적 품질대책 회의

④ 개선제안제도 실시

⑤ 공정불량 보고 등

이렇듯 다양한 활동과 노력으로 목표로 제시했던 수치를 달성했을 때의 기쁨과 보람은 말할 수 없이 클 것이다. 그러나 기쁨이나 보람이 잠시에 그칠 수 있는 경우가 허다하다. 그런 기분에 들떠있는 그 순간에도 잠시만 방심하면 바로 불량이 발생될 수 있기 때문이다.

영업 매출목표 달성이나 생산목표 달성은 그 목표달성 자체로 만족할 수 있다. 그러나 아쉽게도 품질목표 달성으로 만족할 수 없다는 것은 항상 불량의 경우가 잠재해 있기 때문이다. 그래서 "품질에서는 영원히 샴페인을 터뜨릴 수 없다"라고 말한 것이다.

품질을 대하는 마음의 자세는 항상 겸손하고 긴장하고 사물을 예의 주시하듯 바라봐야 한다. 품질에서의 10년, 100년 공든 탑은 하루아침에 무너질 수 있기 때문이다. 절대로 방심해서는 안된다.

어려운 문제일수록 침착하게 스스로 해결하자

제조현장에는 크고 작은 문제들이 항상 발생한다. 수많은 원자재와 각기 다른 작업자들, 숙련된 작업자와 갓 입사한 신입사원들의 작업 노하우는 제품의 품질에 큰 영향을 미친다. 자동화 설비들의 틀어짐 현상 등 이런 저런 원인으로 매일 문제점들이 발생하지 않은 날이 없을 정도이다.

고객의 클레임도 마찬가지이다. 하루에도 전 세계로 출하되고 있는 부품 속에는 고객사의 작업자들이 단순하게 처치할 수 있는 문제점에서부터 원인을 파악하기 어려운 희귀성 불량, 대량으로 발생할 수 있는 불량 등과 같이 언제 어디서나 불량이 발생할 수 있다는 생각으로 긴장의 끈을 놓지 않아야 한다.

작업현장이 되었건 고객사가 되었건 문제가 발생되었다고 통보를 받고 나면 제일 먼저 행동을 취하는 것이 현재 양산 중인 제품 가운데서 동일 현상이 나타나는가를 확인하는 것이고, 두 번째는 문제가 발생한 제품의 동일 Lot 재고 분에서 동일현상이 있는가를 확인하는 것이다. 그리고 나서 동일 제품 전체 재고에 대해서도 재검을 통하여 불량 현상이 있는가를 확인하게 되는데, 이러한 과정을 통해서 추가로 불량이 발견되지 않으면 단순히 그 Lot에 국한해서 발생한 단순 불량으로 결론 지을려고 한다.

여기서 우리가 분명히 알아야 할 것이 있다. 정확한 원인 분석이 필요하다는 것이다. 과거와 동일한 내용으로 취급하지 말고 어떤 요인으로 문제가 생겼는지를 파악해서 불량이 반복되지 않도록 해야 하는 것이다.

불량의 요인을 예로 들면,

① 원자재의 이상
② 온도, 습도의 영향
③ 작업자의 취급 방법
④ 설계 잘못
⑤ 기타 내용

이번에는 대충 이러한 결론으로 마무리를 짓는다고 생각하면 발전을 기대하기 어렵다. 끝까지 원인 추적을 해서 어느 부문에서 잘못되었는가를 확인하고 바로잡아 나가야만 반복된 불량이 발생되지 않을 것이다.

문제의 해결은 내가 한다

어디에선가 문제가 발생되고 보면 관망하는 사람이 있다. 내가 아니어도 누군가가 해결해주겠지 하고 말이다. 모두가 이런 생각을 가지고 있다면 누가 문제를 해결하겠는가.

물론 해당부서, 담당자가 있게 마련이다. 그렇지만 회사 일이라는 것이 담당자만 해야 되는 것이 아니고 또, 담당자가 할 수 없는 일도 있을 수 있다. 그렇기 때문에 관계부서 누군가라도 직접 뛰어 들어서 문제해결에 같이 참여해야만 효율적으로 문제를 해결할 수 있는 것이다. 갑작스런 문제를 많이 해결해 본 사람이 발전하고 성공할 수도 있다.

단기간에 해결되도록 총력을!

건강에 이상이 생기면 집중치료를 받아서 완쾌를 시키듯이 문제가 생기면 단기간에 해결하도록 해야 한다. 문제의 요인이 어떻게 파급될지도 모르고, 자칫 확산되면 문제가 더욱 더 크게 번지게 될 것이기 때문이다. 이때 경험이 많은 경력사원이나 간부사원들이 총력을 기울여야 된다. 초기에 가동할 수 있는 모든 여력을 풀 가동시켜서 해결할 수 있는 품질 System을 만들어야 한다.

쉽게 마무리 지을 수 있는 문제를 안이하게 생각하고 느긋하게 대처해서 큰 문제로 확산되는 경우도 비일비재하다. 불량이 발생되었을 때는 모두가 나서서 조기에 해결한다는 것을 회사의 전통으로 삼아야 한다.

제8장

무슨 일이든 해내는
긍정의 힘

밝은 성격은
어떤 재산보다도 귀하다.
_ 앤드류 카네기

기업을 경영해 나가다 보면 항상 새로운 일이 생긴다.
그런데 이 새로운 일을 직원들에게 과제로 주다 보면 어떤 직원은 묵묵히 처리하는가 하면,
어떤 직원은 해보지도 않은 채 어렵다고 하는 직원도 있다.
회사 일이란 것이 넘나 보지도 못할 그렇게 어려운 일은 없다.
이집트의 피라미드나 중국의 만리장성을 쌓는 일도 아니고,
이소연 씨가 로케트를 타고 우주비행을 하는 것과 같은 일도 아니다.
조금만 노력하고 힘을 모으면, 얼마든지 할 수 있는 일이 대부분이다.
세상에 안되는 일이란 없다. 안되는 일은 이미 일로서 정의되지도 않고,
거론조차 되지 않을 것이다. 기업에서의 일이란 된다고 생각하고 또 되어야만 한다.
왜냐하면 기업은 총칼만 들지 않았을 뿐이지, 전쟁을 하고 있기 때문이다.
전쟁터에서 안된다고 하면 패배 밖에 더 있겠는가?
긍정적인 마인드로 무장해서 무슨 일이든지 할 수 있다는 자세를 갖추자.

비즈니스에서 포기란 없다

인내는 성공의 반이다.
인내는 어떠한 괴로움에도 듣는 명약이다.

플라토우스

비즈니스를 하다 보면 처음 대면하는 얼굴이지만 왠지 불편하게 생각하거나 피하려고 하는 경우를 볼 수 있다. 그것은 내가 싫어서가 아니라, 그쪽에 말못할 사정이 있기 때문이다. 예를 들면 기존 거래선과의 관계, 자기 회사의 이해관계 등 여러 가지가 복잡하게 얽혀서 선뜻 답을 주지 못하는 수가 허다하다. 그러나 비즈니스맨은 1%의 가능성만 있어도 도전해야 한다.

야구라는 경기가 생긴 이래 이제까지 가장 많이 삼진아웃을 당한 선수는 다름 아닌 홈런왕 베이브 루스(Babe Ruth)라고 한다. 발명왕 에디슨 역시 전구 하나를 발명하기까지 9999번이 넘는 실패를 경험했다. 하지만 그는 "9999번의 실험은 결코 실패가 아니었다. 나는 단지 그렇게 해서는 전구가 만들어질 수 없다는 9999가지의 사례를 발견한 것뿐이다"라고 말했다.

세계적인 컴퓨터 회사인 애플(Apple) 사에서는 실수를 전혀 하지 않는 직원이 오히려 꾸중을 듣는다고 한다. 실수를 하지 않는다는 것은 곧 일을 하지 않는다는 뜻으로 통하기 때문이다. 1%의 가능성만 있다면 실패를 두려워할 필요가 없다. 99%로 느껴지는 불가능이 1%의 가능성으로 현실화 될 수 있기 때문이다. 1%에서 출발하는 인내의 과정은 언제나 쓰지만 99%를 가득 채운 그 열매는 언제나 달콤하다.

세상은 항상 변하게 되어 있고 예기치 못한 돌발상황이 언제든지 나타날 수가 있다. 따라서 어려운 비즈니스에 임할 때는 상대방의 태도를 봐가면서 서두르지 말고 서서히 끈기 있게 도전해야 한다. '불가능은 없다, 단지 시간이 필요할 뿐이다' 라고 자기암시를 해야 한다. 특히 상대방이 유명인사이거나 권위자인 경우에도 쉽게 만남을 포기해서는 안된다. 만남을 성사시키기 위해서는 반드시 만남의 필요성을 사전에 명확히 하고 몇 번이라도 접촉을 시도해 보자. 상대방이 아무리 만나기 힘든 사람이라도 만날 목적과 필연성이 있으면 누구든지 만난다는 용기와 자신감을 쌓는 것이 중요하다.

일본 소프트뱅크의 손정의 회장은 고등학생 시절 일본 맥도널드의 경영자인 후지타 덴을 어렵게 만나 성공에 대한 조언을 들으면서 첨단 IT분야에서 창의적인 사업 성취를 이룰 수 있었다. 손정의 회장처럼 유력자를 만나고 싶다면 일단 용기를 내야 한다. 설령 처음에는 만남이 이뤄지지 않아 자존심이 상할 지라도 1%의 가능성이라도 있다면 실행에 옮겨야 한다. 끝까지 포기하지 않는 정신이 귀중한 인간관계를 형성하는 원동력이 된다. "포기란 말은 김장 담글 때나 쓰라"고 한 광고 카피가 있듯이 꾸준하게 노크하면 거대한 철문도 언젠가는 반드시 열리게 되어 있다.

해보기나 했는가

불가능한 일이 존재하는 것이 아니라

불가능하다는 생각이 존재하는 것이다.

로버트 슐러

사실 얼마든지 될 수 있는 일도 선입견 때문에 시도조차 안하는 수가 많다. 마음속에 부정적인 사고가 내재되어 있기 때문이라고 본다.

긍정적인 사고를 가진 사람은 항상 밝게 보인다. 중요한 것은 부정적인 생각을 가지고 있거나, 긍정적인 사고를 가지고 있는 마음이 자기가 하고자 하는 일의 담당자에게 텔레파시로 전달된다는 것이다. 얼굴모습이라든지, 눈빛, 어디엔가에 자기 모습이 상대방에게 느껴져서 일이 잘 될 수도 혹은 잘못될 수도 있는 것이다.

어차피 피할수 없는 일이라면 즐기라고 했다. 설사 목적지까지 못 갔다 하더라도 노력한만큼은 간 것이고 성취한 것이다. 일의 과정에 충실했다면 그 자체가 이미 성공의 길이 아닐 수 없다.

① 일하는 과정에서 요령과 아이디어가 생긴다

"하늘은 스스로 돕는자를 돕는다"고 했다. 시도하지 않고 노력하지 않은데 무슨 일이 될 수 있겠는가? 아무리 힘든 일이라도 열심히 하다보면 조금씩 요령이 생기고 길이 보이기 시작한다.

필자는 30여년 넘게 직장생활을 해오면서 많은 경험을 했다. 전 직장에서 Audio 시장 점유율을 하위그룹에서 선두그룹으로 올려놓은 일, 휴대폰 윈도우 사업 정착시키기, 커넥터 전자부품을 대기업에 납품하는 실적을 올렸고, 앞으로도 새로운 도전을 계속 시도할 것이다.

새로운 일을 하다가 난관에 부닥치다 보면 앞이 망망해 보일 때도 있다. 그럴 때는 주위의 선후배, 직장동료 등과 같이 많은 대화를 나누고, 사회의 전문가로부터 조언을 듣도록 한다. 철벽같이 높기만 하던 난관들이 어디에선가 길이 열리고 빛이 보인다. 한 방울의 물방울이 오랜 세월을 거치면서 바위를 뚫는다. 일단 실행해보자.

② 가라오케 빵빠레 사건

전 직장에서 있었던 일이다. 세계 최초로 CDG 가라오케에 점수기 기능을 포함시키는 일이었다. 노래방에 있는 가요반주기에서는 점수가 나오는데, 가정에 있는 CDG 가라오케 기능에는 점수가 나오지 않았던 것이다. 만약에 CDG 가라오케에 점수기 기능을 포함시키면 시장에서 우리 상품이 훨씬 경쟁력이 있지 않겠나 해서 프로젝트를 추진하게 되었다.

점수기 보드를 아웃 소싱으로 도입을 해서 오디오 시스템(Audio system)에 접목시키는 과제였는데, 점수기 보드와 오디오 시스템을 구분해서 작동시키면 전혀 문제가 없었고, 접목을 시키고 나서 실험을 해보면 점수기능이 제대로 안되는 것이었다.

이런 과정에서 개발부의 어느 간부가 「만남」을 선곡해 놓고 「송아지」를 불러도 빵빠레가 나온다고 이 부서, 저 부서 돌아다니면서 지적하였고, 그런 목적은 필자가 되지도 않은 일을 추진해서 막대한 돈을 날리게 됐다는 것이고, 그 간부는 그렇기 때문에 내가 물러나기를 내심 바랐던 것이다. 왜 그런 생각을 가지게 됐나하면, 우리 연구소에서 아이디어를 내서 개발한 것이 아니고 다른 조그만 회사에서 개발을 해온 것이 못마땅했기 때문이다.

빵빠레는 90점 이상이 나오면 울리도록 프로그램을 짰는데, 다른 곡을 불러도 빵빠레가 나온 이유를 추척해 보니, 프로그램은 문제가 없었는데, 우리 개발부 직원이 정전기 시험을 통과하기 위해서 그라운드 처리를 잘못하면서 점수 기능이 잘못 작동되었던 것이다. 제품이 정상적으로 출고되고 나서 정리회의를 할 때 내가 질문을 했다.

"간부님은 「만남」을 선곡하고 「송아지」를 부르면 빵빠레가 나왔을 때, 어떤 조치를 취했습니까?"

그 간부는 답변을 할 수가 없었고, 얼마 지나지 않아 회사를 떠나고 말았다. 새로운 일을 추진하다 보면 의외로 반대 의견이 많다. 이에

굴하지 않고 꿋꿋하게 이겨내야 한다.

③ 회장님과 어떤 관계인가요?

대학을 졸업하고 공채로 첫 직장에 입사했을 때의 일이다. 영업부로 배속을 받은 나는 양산제품 챙기기와 신제품 개발모델 챙기기에 바빴다. 직장생활 초기였기에, 조직표상의 간부들에 대해서 크게 의식을 안 하고, 오로지 주어진 업무에 대해서만 악착같이 챙겼다. 양산품은 주로 생산부와 미팅을 가졌고, 신제품은 당연히 개발부와 자주 접촉을 가졌다. 하지만 개발 신제품이 정해진 스케줄을 맞추기가 여간 힘들지 않았다. 기구가 안 맞는다던지, 마이콤이 버그가 난다던지, 갖가지 이유로 일정 기간 보다 지연되기가 일쑤였다.

그러다보니, 어느 날은 개발 이사님하고도 마찰이 있었다. 개발부에서 개발 일정을 맞춰줘야 신제품의 광고일정, 대리점 공급일정을 맞출 수 있는거 아니냐고 심하게 따졌던 것이다.

이 광경을 본 개발부 어느 선배가 회식자리에서 나에게 질문을 했다. "회장님과 어떤 관계냐?"고. 회장님하고 친인척이 아니고서야 개발이사님에게 그렇게 어필할 수 없다는 얘기다.

아무리 아무런 관계가 없다고 설명을 해도 믿지 않아서, 그러면 편한대로 생각을 하라고 했더니, 다음날 아침에 출근을 해서 보니 내가 회장님과 친인척 관계라고 소문이 났다. 그런 소문이 싫지는 않았다.

그날로 나와 관계된 업무가 빠른 속도로 진행이 됐기 때문이다.

회사에서의 일이란 일 자체가 중요한 것이지, 어느 관계가 중요한 것이 아니다. 그러나 일을 악착 같이 챙기다보니, 아무 관계가 없는 회장님과도 친인척이 되어주지 않는가. 열심히 하는 곳에 길이 있기 마련이다.

집념은 기적을 낳는다

생각이야말로 진정한 힘이다.
생각은 에너지인 것이다.

엔드류 메터스

경영은 스스로의 뜻에 입각하여, 스스로의 사업을 통해서, 세상과 남을 위해 헌신하는 일심(一心)의 길이다. 스스로 경영에 목숨을 다 바쳐 몰두해갈 때 괴로움도 고통도 즐거움도 재미도 초월할 수 있다. 날마다 이같은 마음으로 경영에 몰두하는 것이 인생을 충실히 하는 것이다. 이러한 삶에 있어 집념은 필수불가결한 요소이다.

사법 · 행정 · 외무고시를 모두 합격한 고승덕 변호사는 『포기하지 않으면 불가능은 없다』란 자서전에서 기적은 집념어린 노력에서 비롯되었다고 밝히고 있다.

"첫째는 남보다 많이 노력하는 것이다. 둘째는 어려운 목표일 수록 확신을 가져보는 것이다. 그러면 정말 되는 일이 훨씬 많다. 셋째는 남보다 최소 3배는 해야 한다고 생각하자. 남들에 비해 노력한 만큼의 결과가 나오지 않더라도 노력을 계속해야 한다. 3배의 노력만 한다면 4번째 부터는 분명 가속도가 붙어 급속도로 차이가 날 것이다. 남과 똑같이 해서는 절대 노력했다고 할 수 없다."

그렇다. 노력해서 안되는 일이란 없다. 밤잠을 자지 않고 오로지 한 우물만 판 사람에게는 반드시 성공이란 결과가 주어질 수 밖에 없다. 이처럼 한 분야의 일가를 이룬 대가들은 대부분 집념의 소유자로서 앞만 보고 외길을 걸은 사람들이다. 그들이 보여준 '집념은 기적을 낳는다'는 신념을 필자는 평범하지만 비범한 다음 사건 속에서도 온 몸으로 실감할 수 있었다.

1998년 10월, 어머니는 대구 어느 병원에서 종합검진을 받으셨는데 "의사가 큰 병원으로 가서 다시 한번 검진을 받으시라"고 하신다면서 큰 누나가 어머니를 모시고 서울 중앙병원(지금은 서울 아산병원)으로 1998년 11월 1일 상경하셨다. 그런데, 1주일간의 정밀검진 결과 식도암이 8cm나 자라 수술하면 5년, 안하면 1년까지 생존이 가능하다고 하셨다.

그때 당시 서울 중앙병원에 근무하던 조카는 강력히 수술 반대의사를 나타냈다. 식도암은 난이도가 높고 어머니가 70세의 고령이니 수술하지 말고 치료를 해보자는 것이었다. 아버지가 일찍 돌아가시는 바람에 어머니 혼자 어린 육남매를 키우신 것을 생각하면 하늘이 무

너지는 것 같은 슬픔과 고통이 전신을 누르고 있었다. 어머니는 어떻게 해서든지 나아야 했다

그날부터 나는 매일 근무를 마치면 안양에서 병원으로 달려갔고, 집사람과 수원에 있는 제수씨는 교대로 간호를 했다. 차가 없던 나에게 회사 직원들은 당번을 짜가면서 문병을 간다고 하면서 병원으로의 이동을 도와주었다. 4개월간 입원해 있는 동안 하루도 빠짐없이 동참해준 태광산업 동료 직원들이 고맙기 그지 없었다.

나는 4개월간의 입원 치료를 마치고, 대구 영남대학병원으로 어머니를 모셨다. 만 1년 동안 자식들이 지극 정성으로 어머니를 간호하였고 보신(補身)을 잘 하신 결과, 의학적인 판단으로 식도암 자체가 흔적도 없이 사라졌다는 진단이 나왔다. 의사도 믿기 어렵다고 했고, 친지와 동네 주민들은 기적이라고 했다. 그분들은 형수님을 효행상 수상자로 추천하셨고, 1999년 어느 봄날, 형수님은 지역 단체에서 주는 효행상을 두 번 수상하셨다.

이런 결과를 보면서 어떤 일을 성공해야겠다는 강한 의지를 보이고 노력하면, 하느님도 감동시키는 기적을 낳는다고 확신하게 되었다.

참고문헌

김기남, 인맥관리의 기술, 서돌, 2008

김기남, 성과를 내는 기술, 지식공간, 2010

김기남, 위대한 직원이 위대한기업을 만든다, 비움과소통, 2012

무명 중소기업을 유망업체로 성장시킨 비법 담아

저자를 알게 된 지 벌써 10년 가까이 되었다. 이름 없는 중소기업을 동종업계 유망업체로 성장시키며 그 나름의 비법을 세상에 책자로 펴낼 때마다 인기 저서가 되는 것을 지켜보면서 늘 놀라움을 금치 못하고 있다.

평직원보다 항상 2시간 이상 일찍 출근해서 회사의 구석구석을 살피고 국내 대기업의 많은 임원 분들과 개인적인 관계를 유지·관리하고 틈틈히 경영관련 유명 서적을 출판하며 전국적인 인기 강사로 활동하면서 아주 모범적 가장으로 가정을 돌보는 저자를 생각할 때마다 참으로 경이로움을 누룰 수 없었다. 특히 이번에 『실전 중소기업 성공 전략』이라는 신간을 접하면서 본인의 모든 지혜와 경험을 총동원하여 우리나라 중소기업들이 성공하기를 진심으로 원하는 저자의 사랑과 수고를 느낄 수 있었다.

이제 모든 중소기업은 어느 시대보다 변화무쌍한 경쟁의 시장에서 성공하기 위해 치열한 전쟁을 치르고 있다고 할 수 있겠다. 본서는 실전의 와중에서 중소기업들이 성공하기 위한 전략을 구체적으로 자세히 알기 쉽게 서술하고 있다.

중소기업을 경영하면서 숱한 난제들을 만날 때마다 관련 항목을 찾아 성공적인 전략을 실제로 얻을 수 있는, 늘 가까이 비치하여야 할 지혜로운 필독서로 추천한다.

(주)제이미크론 대표이사 황재익

현장 냄새가 물씬 나는 기업 사랑과 인간미가 담긴 책

요즘 중소기업 사장들에겐 그 어느 때보다 고민이 많다. 매출과 수익은 늘어나지 않고, 경쟁은 치열한 반면 비용은 감당하기 어려울 만큼 점점 늘어나고, 급변하는 시장과 기업 환경 변화에 제대로 대처하기가 쉽지 않다. 더 감당하기 어려운 문제는 대부분의 중소 중견 기업들이 유능한 인재를 확보하기 어렵다는 것이다.

금번 저자의 5번째 저서인 『실전 중소기업 성공전략』을 읽어보고 해법을 찾을 수 있을 것 같다는 생각이다. 최소한 책의 내용대로 이렇게 한번 해봐야겠다는 생각을 하게 한다.

저자의 책들은 학문적이지 않다. 현장의 냄새가 물씬 나고 기업 사랑과 인간미가 그대로 언어에 묻어 있어 편안하게 읽고 감동하면서도, 현장의 빛나는 아이디어와 예리한 제언에 놀라게 한다.

저자가 말단 영업사원에서부터 최고경영진 자리에 이르기까지 실제 현장에서 체득한 영업, 품질, 제조, 경영, 인간관계 등 기업 활동에 관한 광범위한 내용이 간략하게 잘 정리되어 있어 성공을 꿈꾸는 신입사원, 중견간부, 최고경영진 모두에게 가까이 두고 실전에 활용하기를 권해 드린다.

(주)명정보기술 대표이사 이명재

중소기업의 어려운 문제들에 해답을 제시하다

30여년 이상 중소기업을 경영해 오면서 성취감 못지않게 많은 부분에서의 관리부재와 시행착오 등으로 어려움을 겪어왔다는 생각이 든다. 바로 이 책 속에 그 모든 어려움의 '답'이 있다고 생각하니, 좀 더 일찍 읽었더라면 하는 아쉬움이 컸다.

기본에 충실한 자세, 긍정적 사고방식과 함께 영업현장, 생산현장,

품질현장 등에서의 생생한 관리 노하우를 쉽고 명료하게 서술하고 있는 이 책이, 많은 중소기업의 경영자와 직원들에게 좋은 지침서가 되리라 생각한다.

대성하이피(주) 대표이사 박용복

직장생활의 친절한 멘토가 들려주는 성공 이야기

당신이 속한 조직에서 이와 같이 멋진 상사를 만난 적이 있는가?

직장인으로서의 갖추어야 할 태도와 성공하기 위한 직장생활의 행동지침들, 거래선 관리방법, 일하고 싶은 일터를 만들기 위한 노하우 등등 인생 선배로서 당신에게 들려주는 잔잔한 이야기!

당신은 지금 소줏잔을 앞에 놓고, 소중한 말씀을 들려주시는 상사를 만나고 있다. 이 책을 읽는 순간 만큼은!

한국중견기업연합회 유영식 상무

비밀스런 현장경영 노하우가 담긴 선물

경영학 서적에서 접하기 어려운 비밀스런 현장경영 노하우를 모아
놓은 책이다.

필자가 경험한 진솔한 사례에서 진한 감동과 때론 감탄을 연발하게
한다. 손 안에 멋진 멘토를 또 하나 얻은 기분이다. 지난해 취직해서
직장에 다니는 아들에게 제일 먼저 선물해주고 싶다.

이화다이아몬드(주) 경영관리본부장 윤점홍